中华传统美德百字经

贤·举贤惜才

于永玉 陈瑜◎编

U0140889

　　一段历史之所以流传千古，是由于它蕴涵着不朽的精神；一段佳话之所以人所共知，是因为它充满了人性的光辉。感悟中华传统美德，获得智慧的启迪和温暖心灵的感动；品味中华美德故事，点燃心灵之光，照亮人生之路。

天津人民出版社

图书在版编目（CIP）数据

贤：举贤惜才 / 于永玉，陈瑜编. —天津：天津
人民出版社，2012.1
（巅峰阅读文库. 中华传统美德百字经）
ISBN 978-7-201-07324-8

Ⅰ. ①贤… Ⅱ. ①于… ②陈… Ⅲ. ①品德教育—中
国—通俗读物 Ⅳ. ① D648-49

中国版本图书馆 CIP 数据核字 (2011) 第 264599 号

天津人民出版社出版

出版人：刘晓津

（天津市西康路 35 号 邮政编码：300051）

邮购部电话： （022）23332469

网址：http://www.tjrmcbs.com.cn

电子信箱：tjrmcbs@126.com

北京一鑫印务有限责任公司印刷 新华书店经销

2012 年 1 月第 1 版 2012 年 1 月第 1 次印刷

690×960 毫米 16 开本 10 印张 字数：100 千字

定价：19.80 元

中国是一个具有悠久历史和灿烂文化的文明古国，也是举世闻名的礼仪之邦。在历史的长河中，中华民族创造出了绚丽多彩的物质文化和精神文化，为人类的发展和进步做出了重要贡献。其中，中华民族的传统美德被大家代代传承。

那么，什么是传统美德？什么是中华民族的传统美德呢？通常来说，传统美德就是在自觉或习俗的道德规范中，一些被大多数人所接受并实际奉行的，而且在现代仍有着积极影响的那些美德。具体到中华民族传统美德，概括起来就是指中华民族优秀的民族品质、优良的民族精神、崇高的民族气节、高尚的民族情感以及良好的民族礼仪等，是中华民族在历史实践过程中积累而成的稳定的社会优秀道德因素，体现在人们生活的方方面面，涉及政治、经济、文化、意识等领域，并通过社会心理结构及其他物化媒介得以代代相传。

经过长期的历史沉淀，中华传统美德已融入到中华民族的思想意识和行为规范中，成为社会道德文化的遗传基因，成为整个中华民族文化的精神内涵，也是中华五千年文明史的精髓所在。继承和弘扬中华民族传统美德，可以振奋民族精神，增强民族自尊心、自信心、自豪感和凝聚力，使社会主义道德规范具有更丰富的内涵，让社会主义、集体主义、爱国主义思想等更加深入人心，成为社会主义文化的主旋律。同时，还可以更好地协调人际关系，促进社会主义市场经济的健康发展，形成有中国特色的、适应社会发展的价值观和伦理道德规范。

前　言

国民的思想道德状况，尤其是青少年的思想道德状况，直接关系着一个国家、一个民族的整体素质，关系着国家前途和民族命运。目前，我国已进入改革发展的新时期新阶段，德育教育的价值和意义更是日渐凸显。大力弘扬中华传统美德，建设社会主义核心价值体系，促进社会主义文化的发展和繁荣，是建设全面小康社会的主要任务，更是实现中华民族伟大复兴的必然要求。因此，党中央非常注重我国公民道德建设，全社会也已形成了加强和改进思想道德建设的新风尚。

青少年是国家的希望，是民族不断发展和延续的根本，因此，青少年德育教育就显得更加重要。为了增强和提升国民素质，尤其是青少年的道德素质，我们特意精心编写了本套丛书——《中华传统美德百字经》。

本套丛书立足当前公民，尤其是青少年思想道德教育的现实，将中华民族的传统美德归纳为一百个字，即学、问、孝、悌、师、教、言、行、中、庸、仁、义、敦、和、谨、慎、勤、俭、恤、济、贞、节、谦、让、宽、容、刚、毅、睦、贤、善、良、通、达、知、理、清、廉、朴、实、志、道、真、立、忠、诚、公、正、友、爱、同、礼、温、信、尊、敬、恭、恕、责、仪、精、专、博、富、明、智、勇、力、安、全、平、顺、敏、思、积、利、健、率、坚、情、养、群、严、慈、创、新、变、革、争、谏、诲、齐、省、克、竞、求、简、洁、强、律。丛书内容丰富、涵盖性强，力图将中华民族传统美德的内涵囊括进去。丛书通过故事、诗文和格言等形式，全面地展示了人类永不磨灭的美德：诚实、孝敬、负责、自律、敬业、勇敢⋯⋯

贤·举贤惜才

2

这些故事在中华民族几千年的历史长河中，一直被人们用来警醒世人、提升自己，用做道德上对与错的标准；同时通过结合现代社会发展，又使其展现了中华民族在新时代的新精神、新风貌，从而较全面地展示了中华民族的美德。

在本套丛书中，为了帮助读者更好地理解这些源远流长的传统美德，我们还在每一篇故事后面给出了"故事感悟"，旨在令故事更加结合现代社会，结合我们自身的道德发展，以帮助读者获得更加全面的道德认知，并因此引发读者进一步的思考。同时，为丰富读者的知识面，我们还在故事后面设置了"史海撷英"、"文苑拾萃"等板块，让读者在深受美德教育、提升道德品质的同时，汲取更多的历史文化知识。

前 言

这是一套可以打动人心灵的丛书，也是可以丰富我们思想内涵的丛书……《中华传统美德百字经》向我们展示的是一种圣洁的、高尚的生活哲学。无论在任何社会、任何时代，给予人类基本力量的美德从来不曾变化。著名的美国政治家乔治·德里说："使美国强大的不是强权与实力，而是上帝赐予的美德。假如我们丢失了最根本且有用的美德，导弹和美元也不能使我们摆脱被毁灭的命运。"在今天，我们可能比任何时候都更应关心道德问题，尤其是青少年的道德问题，因为今天我们正逐渐面临从未有过的道德危机和挑战。

人生的美德与智慧就像散落的沙子，我们哪怕每天只收集一粒，终有一天能积沙成塔，收获一个光辉灿烂的明天。《中华传统美德百字经》中的美德故事将直指我们的内心，指向人性中善良的一面，唤起我们内心深处的道德感。因此，中华民

族的传统美德也一定会在我们的倡导和发扬之下，世世传承，代代延续！

全套丛书分类编排，内容详尽、文字优美、风格独具，是公民，尤其是青少年思想道德建设的优秀读物。愿这些恒久流传的美文和故事能抚平我们每个人驿动的心，愿这些优秀的美德种子能在青少年身上扎根、发芽、生长……

贤·举贤惜才

在中华民族的历史长河中，勤劳、智慧的华夏儿女创造出了辉煌的物质文明和精神文明。在灿烂文明的背景下，那些为国家、为民族、为各项事业作出杰出贡献的人们就像一颗颗璀璨的明星，永远闪耀着光芒。

为了战胜自然和促进人类自身的发展进步，人们需要团结在一起，发挥集体的力量。在集体奋斗的过程中，必然需要深谋远虑、能为大家指明奋斗方向、能把大家组织在一起的管理人才以及精通各种专门知识和技能的人才。但是，在纷繁复杂的社会生活中，每个人都有不同的个性特征，每个人的特殊才能和技巧并不会总是显现在外，而且每个人潜在的能力有时连自己也不能发现。那么，社会所需要的各方面的人才怎样才能脱颖而出呢？这固然需要有才能的人勇于展示自我，但也更需要拥有一双慧眼，能够识别"千里马"的"伯乐"。

从历史事实来看，那些能够识别杰出人才的"伯乐"，在推贤举能、成就大事方面确实起到了非常大的作用。他们无论是身处高位还是沉沦不得志，都将选才、荐才当做极为重要的事情。他们多数为长者，有着丰富的人生经验和敏锐的眼光。在长期的生活经历中，他们阅人无数，练就了一双慧眼，善于观察，有识人之明，更有举人之德。为了让人才能发挥自己的作用，为国、为民、为社会作出一番成就，他们大力举荐人才，努力使人才得到重用，使人尽其才。有时候，主事之人并不一定会欣然接受、重用所荐之人，这些"伯乐"便不畏艰难，以大局为重，一而再再而三地举荐，令人感慨不已。

"伯乐"发现人才极为重要，主事之人任用人才更为重要。墨子曾说："是故，国有贤良之士众，则国家之治厚；贤良之士寡，则国家之治薄。故大人之务，将在于众贤而已"。古往今来，那些杰出的政治家无不渴望贤才的辅佐。

他们深知国家兴旺、事业成功的关键在于大量人才的合力共事。无论是别人举荐的人才，还是自己发现的人才，英明的领导者总是以谦逊之礼、敬重之心相待。获得人才与正确任用人才同等重要，在任用贤才的时候，英明的领导者善于度德量才，将他们放在最适合的职位上，予以最充分的信任，放手让他们施展自己的才华，最终赢得了国家的长治久安和事业的兴旺发达。历史事实一再证明，人才是事业之本，正确使用人才是事业成功的必然选择。

发现人才、任用人才能显示一个领导者的眼力和修养，而宽容曾与自己为敌的人，化敌为友，让曾经的敌人为己所用，共同成就一番事业，更能体现一个领导者的胸怀和大德。在风云变幻的历史进程中，人们曾分化为不同的集团和派别，互相争斗。那些杰出的领导者，他们不但珍惜、善用己方的人才，对于敌方阵营的有才之人，他们同样怀着珍惜之心。他们一心为公，不念旧恶，以坦荡的胸怀接纳、重用了曾经的敌手，甚至是仇敌。这样的胸怀和美德更令人尊重，更值得后人学习。

时至今日，中国的现代化建设取得了长足进展，社会的飞速发展给了每一个人展示自我、成就事业的机会。作为社会中的一员，我们既要努力学习，掌握更多的知识和技能，勇于展现自我，又要善于发现人才、珍惜人才、爱护人才，以选贤举能为人生之乐事。"千里马"常有，"伯乐"亦常有，人尽其才，我们的社会主义伟大事业一定会取得更大的成就。

目录

ZHONGHUACHUANTONGMEIDEBAIZIJING
中华传统美德百字经

贤·举贤惜才

第一篇

德者举贤

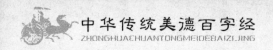

左膀右臂两贤相

◎知贤，智也；推贤，仁也；引贤，义也。有此三者，
又何加焉？——韩婴

> 百里奚（生卒年不详），春秋时著名政治家，秦穆公的贤臣。姜姓，百里氏，名
> 奚，也称百里傒、百里子，世人称其为五羖大夫，名将孟明视之父。百里奚是虞国（今
> 山西平陆北）人，一说楚国宛城（今河南南阳）人，姜姓井伯之后。《东周列国志》《左
> 传》《史记》等著作中都有大量关于他的记载。

　　春秋时期的著名政治家百里奚曾经沦为奴隶，秦穆公赎回百里奚只用了
五张羊皮，所以人们称百里奚为"五羖大夫"。（"羖"本意为黑色公羊，在这
里指羊皮）

　　百里奚原是虞国人，家境贫寒，虽然学识渊博，志向宏大，却一直没有
机会施展才智。在长期的流浪生活中，他增长了才干，磨砺了意志，结识了
一些朋友。其中有一个朋友名叫蹇叔，是个贤人，两人很谈得来，经常在一
起谈论时局大事。经虞国大夫宫之奇的介绍，百里奚做了虞国的大夫。

　　但蹇叔认为虞国国君难成大器，劝百里奚不要留在虞国，可百里奚不听。
后来虞国果然被晋国灭掉，百里奚也成了晋国的阶下囚。晋国国君献公本想
重用百里奚，但百里奚宁可做奴仆也不愿做晋国的官。适逢秦晋结亲，秦穆
公娶了晋献公的女儿，晋献公就把百里奚作为女儿的陪嫁奴仆送给了秦穆公。
可是，百里奚半路逃走了，但却被楚国边民抓住，让他干养牛、喂马等杂活。

　　秦穆公发现陪嫁礼单上有百里奚的名字，却没见着人，就向公子絷问百
里奚的为人，公子絷说："他是虞国人，一个不肯做晋国官的亡国大夫。"

秦穆公又转过头去问公子枝，公子枝说："他是一个很有才能的人，可惜怀才不遇，无用武之地。"

秦穆公得知百里奚是个人才后，就命人寻找他的下落。得知他在楚国，就准备用贵重的礼物送给楚王，换回百里奚。他和公子枝等人商量，公子枝急忙阻止说："千万使不得，现在楚国还不知道百里奚是什么样的人。您这样做正说明他很重要，楚王就不会放他回来了。"

"那你们看怎么办好呢？"秦穆公着急地问。经过一番商议之后，他们决定按当时一般奴隶的身价，用五张羊皮去换百里奚。楚国人不知底细，就爽快地把百里奚装进囚车，送给了秦国。

百里奚的囚车到达秦国时，秦穆公和公子枝等早已在途中迎候。秦穆公亲自打开囚车，扶他下来，又请他上了自己的马车，坐到正位，一同回到都城。秦穆公把百里奚奉为上宾，摆宴为他接风洗尘，请教其治国之策。百里奚谦逊地说："卑臣只是一个亡国的奴才，不懂什么道理，不值得您这样器重。"

秦穆公和颜悦色地说："这都是虞君的过错。他既不能让你发挥才能，又不听你的劝告，所以才落得亡国的下场。你是一位贤人，不要过于谦虚。"

这一番话感动得百里奚老泪纵横。他说："我七十多岁了，是老了点，不过，那要看做什么事了。如果让我去追赶飞鸟，或者捕捉猛兽，那确实是老了；如果让我为国出谋划策，那还正是时候呢！"他滔滔不绝地与秦穆公讲起了治国安邦的道理，一连讲了三天，使秦穆公心悦诚服。秦穆公懂得了许多道理，觉得遇到了一个难得的人才，就想拜百里奚为相国。但百里奚坚决不肯接受，他说："我算不了什么，真正能治国的人是我的老朋友蹇叔，我的本事和才华远远比不上他。他的才能你们都还不知道，他曾多次使我免除灾祸，像他那样有远见和才能的人，真的是不可多得的，您还是请他来吧！如果他不来，我也不愿一个人留在这里。"

秦穆公听说还有比百里奚更高明的人才，急忙派公子絷去蹇叔隐居的地方，请他出山。

公子絷找到了蹇叔，蹇叔却认为，要是秦穆公真能任用贤人的话，一

个百里奚已足够了，于是竭力举荐百里奚。公子絷忙说："百里奚大夫说过，如果您不去秦国，他也不愿一个人留在那里。"蹇叔听了，只好跟着公子絷到秦国。

到了秦国，秦穆公向蹇叔请教治国图霸业的良计。听着蹇叔侃侃而谈，秦穆公觉得有理极了，真是相见恨晚，不由得连声道："我得百里奚和蹇叔，如同又增左右臂。"第二天，他就拜百里奚为左相，蹇叔为右相。在他们的辅佐下，秦穆公发展生产，训练军队，吞并了周围的小国，使秦国迅速富强起来，奠定了秦国统一中国的基础。百里奚和蹇叔两人互相谦让、推荐让贤的事迹也传颂开来，成为千古美谈。

◎故事感悟

尚贤任能是所有明主的特点。在故事中，秦穆公以人才为重，从善如流，得到了贤士百里奚。而百里奚受到重用后不沾沾自喜，虚心推荐了朋友蹇叔。几位主人公以国事为重、为国选贤的美德令人赞叹。

◎史海撷英

泛舟之役

春秋时期，秦国和晋国曾发生矛盾。公元前648年，晋国遭受了严重的自然灾害，百里奚说："我们应该借粮给晋国。福祸各有轮替，再说，我国借粮给晋国，也不是给晋国国君一个人，而是为了晋国的黎民。"于是，秦穆公同意通过水道运了大量粟米给晋国。这次人道主义的义举征服了晋国的人心，史称"泛舟之役"。

◎**文苑拾萃**

鞠歌行

（唐）李白

玉不自言如桃李，鱼目笑之卞和耻。

楚国青蝇何太多，连城白璧遭谗毁。

荆山长号泣血人，忠臣死为刖足鬼。

听曲知宁戚，夷吾因小妻。

秦穆五羊皮，买死百里奚。

洗拂青云上，当时贱如泥。

朝歌鼓刀叟，虎变磻溪中。

一举钓六合，遂荒营丘东。

平生渭水曲，谁识此老翁。

奈何今之人，双目送飞鸿。

伍子胥七荐孙武

◎长才靡入用，大厦失巨楹。——邵谒

> 伍子胥（？—前484年），名员，字子胥，春秋末期吴国大夫，军事家、谋略家。伍子胥本为楚国人，因父、兄为楚平王所杀，被迫出逃楚国，发誓必倾覆楚国，以报杀亲之仇。周敬王十四年（公元前506年），伍子胥与孙武等辅佐阖闾统领大军沿淮水西进，由楚国防备薄弱的东北部实施大纵深战略突袭，直捣楚国腹地，以灵活机动的战法，击败楚军主力于柏举（今湖北麻城东北，一说今汉川北），并展开追击，长驱攻入楚都郢（今江陵西北），终成破楚之功。后吴越争霸，吴王夫差不听伍子胥灭越之谏，反逼伍子胥自杀，一代将星就此陨落。

　　伍子胥本是楚国人，他的父亲伍奢得罪了楚平王，惨遭灭门之祸。伍奢与大儿子伍尚被楚平王杀死，伍子胥侥幸逃了出来。他先是去了宋国，后来又逃到郑国。吴王僚五年（公元前522年），他几经辗转跋涉，终于来到吴国。不久，他被吴王僚的堂兄、已逝国君吴王诸樊的公子光（即阖闾）发现，投到公子光门下。就在伍子胥退耕于野、为公子光寻找勇士谋夺王位的日子里，结识了孙武。

　　孙武出生于齐国，后来也来到吴国。

　　孙武和伍子胥都来自异国他乡，共同的理想和抱负令他们很快就成了知心朋友。两人经常在一起，或谈论天下大事，或切磋武艺，或饮酒对弈。在坦诚的交谈中，伍子胥发现孙武是一位兵学造诣很深的人，是一位可以帮助他报仇雪恨和成就吴国霸业的将才；孙武也觉得伍子胥是一位具有雄才大略的人，是一位值得信赖、可以合作共事的兄长。两人的友谊越来越深厚了。

吴王僚十二年（公元前515年），公子光在伍子胥的帮助下，经过精心策划，趁吴王僚的两个兄弟掩馀、烛庸率军在外的机会，设下圈套，诱骗吴王僚到自己家中，派专诸刺死了吴王僚。公子光登临王位，就是吴王阖闾。

吴王阖闾即位后，实行了一系列的改革措施。他接受伍子胥"立城郭，设守备，实仓廪，治兵库"的建议，修筑阖闾大城（即今苏州城），兴修水利，发展农桑，加强军备。他还礼贤下士，体恤百姓，不贪美味，不听淫乐，因而大得民心，吴国呈现出一派欣欣向荣的景象。

阖闾三年（公元前512年），吴国国内稳定，仓廪充足，军队精悍，吴王阖闾心中涌动着向西攻伐楚国进而称霸天下的打算，但一时又拿不定主意。伍子胥因急于要报楚平王诛杀父兄之仇，所以他多次毛遂自荐，表示可以担当伐楚重任。而阖闾担心伍子胥积极主张伐楚是出于个人动机，这样难免会坏事。

伍子胥明白阖闾的心思后，想到此时此刻正是荐引好朋友孙武的机会呀！于是，伍子胥趁与吴王阖闾谈论用兵之道的机会，向阖闾推荐了孙武。

起初，阖闾并不在意，也没有表态，因为在此之前他还从来没听人说起过孙武这个人。伍子胥坚持不懈，瞄准机会，一而再、再而三地向阖闾推荐孙武。他向阖闾介绍孙武的家世、人品和才干，称赞孙武是个文能安邦、武能定国的盖世奇才。伍子胥反复推荐了七次，阖闾得知孙武精通兵法，不禁动了心，决定与孙武会面。

当伍子胥骑着高头大马，身着朝服，来到穹窿山茅蓬坞请孙武出山时，已在吴国隐居多年的孙武知道这是一次非同寻常的机会，于是，他带上自己多年来心血和汗水的结晶——《孙子兵法》13篇，欣然跟随伍子胥出山。

阖闾在伍子胥的陪同下，亲自到孙武下榻歇息的馆舍登门造访，表现出礼贤下士、求贤若渴的不凡气度。

阖闾是一位立志图霸、富有改革创新精神的君主。孙武对时局的剖析，正好说到他的心里。孙武郑重地向吴王阖闾献上了自己的兵法13篇。阖闾读罢，暗自惊叹：孙武的确是一位难得的贤士良将，吴国有此人为将，图强争霸

的目标就一定能够实现。

吴王阖闾连夜召伍子胥商定，明日早朝约见孙武。伍子胥受命后，赶紧赴孙武下榻歇息的馆舍，向孙武祝贺，并宣读了吴王的圣旨。

第二天，吴王阖闾早朝，正式召见孙武。阖闾对孙武的兵法大加赞扬，又说："不知先生可不可以试试练兵呢？"

孙武说："可以。"

阖闾有意给孙武出了一道难题。他问："可不可以用妇人女子来试试呢？"

孙武非常肯定地回答："完全可以。"

于是，阖闾下令将180名宫中宫女交给孙武去演练。孙武把宫女分为左右两队，指定吴王最为宠爱的两位美姬为左右队长，让她们带领宫女进行操练。

这班宫女，特别是吴王的两名宠姬，平日里在宫中撒娇嬉笑惯了，根本不把孙武放在眼里。尽管孙武三令五申，她们不但不听号令，不按规定的动作去做，相反却捧腹大笑，顿时队形大乱。

孙武又把规定的动作和号令高声宣读了一遍。然后，孙武亲自操槌击鼓，重新发令。两名宠姬和这班宫女依然把孙武的话当做耳边风，掩口嬉笑不止。这时，只见孙武双目忽张，怒发冲冠，大声呵斥："号令不遵，罪在队长！来人，把左、右两队的队长拿下，就地斩首示众！"

阖闾见孙武要杀掉自己的爱姬，马上派人传令说："寡人已经知道将军能用兵了。没有这两个美人侍候，寡人吃饭也将没有味道。请将军赦免她们。"

孙武毫不留情地说："臣既然受命为将，将在军中，君命有所不受。"

接着，孙武下令杀掉了吴王的两名宠姬，任命左、右两队的排头充当队长，继续练兵。

新任队长和两队宫女目睹刚才发生的一切，吓得面如土色，个个变得神情严肃，口不出声，目不斜视，全神贯注，小心翼翼。当孙武再次击鼓发令时，众宫女操练全都合乎规矩，阵形十分齐整。

然而，阖闾却一时难以接受两名宠姬被斩的事实，一连六天，食不甘味，夜不能寐，脑海中浮现的全是两位宠姬的音容笑貌。阖闾心中甚至一度萌生了不用孙武的念头。

伍子胥看出了吴王阖闾的心思，他便伺机向阖闾进谏说："臣闻自古以来，用兵是一件非常严肃的事情。依法治军，军令才能畅通。大王久欲征伐强楚而争霸天下，日夜思念能得良将辅佐，如果大王因为失去两名爱妾而不起用孙武，那么，还有谁能帮助大王兴兵伐楚、争霸天下呢？美色易得，良将难求，若大王因两个宠姬违法遭诛而放弃一名贤将，何异于农耕时保护莠草而锄去禾苗。再说，这样做也与大王您虚怀若谷、任贤使能的盛名相悖呀！请大王权衡斟酌。"

阖闾毕竟是一位胸怀大志的明君，听了伍子胥的话后，他恍然大悟。经过权衡利弊得失，他决定抛却杀姬之恨，重新重用孙武。

阖闾派人在吴宫筑起高高的拜将台，选择良辰吉日，正式拜请孙武为将军，尊为国师，参与朝政。自此，孙武全身心地辅佐阖闾强国治军，谋划争霸大业。

◎故事感悟

阖闾虽是一代枭雄，但身上也有骄傲自大、刚愎自用的毛病，起先对名声不大的孙武并不重视，所以伍子胥的大力举荐才更显得有意义。即使是在阖闾因失去爱姬而怨恨孙武的时候，伍子胥仍然不顾个人得失劝谏阖闾。伍子胥的数次举荐成就了一代伟大的军事家，充分说明了惜才、举才的重要意义。

◎史海撷英

专诸刺王僚

公元前515年，为了解决王位的继承问题，公子光以庆贺吴王僚伐楚班师为名设宴招待。公子光安排了勇士专诸将剑藏在鱼腹中，趁上菜之机刺杀了吴王僚，这就是历史上著名的"专诸刺王僚"的故事。此后，公子光夺得了吴国的王位，史称"吴王阖闾"。

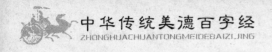

◎文苑拾萃

《孙子兵法》

《孙子兵法》成书于春秋末期，作者为孙武。《孙子兵法》是我国古代流传下来的最早、最完整、最著名的军事著作，在中国军事史上占有举足轻重的地位，其军事思想对中国历代军事家、政治家、思想家产生了非常深远的影响。

《孙子兵法》已被译为日、英、法、德、俄等十几种文字，在世界各地流传甚广，并享有"兵学圣典"的美誉。作为华夏文明乃至世界文明中璀璨的瑰宝，《孙子兵法》不仅仅是一部兵书，更是华夏智慧与朴素思想的象征。

晏婴惜贤

◎构大厦者必资于众工，治天下者必赖于群才。——余继登

> 越石父（生卒年不详），春秋时贤人。为生计所迫，越石父原在晋国中牟为人做奴仆，后遇晏婴，成为国家有用之才。

晏婴是春秋时期齐国杰出的政治家，拥有极高的声望，司马迁就曾十分崇拜他，表示愿"为之执鞭"。作为一代贤相，晏婴对人才极为爱惜。

有一次，晏婴在出使外国回来的路上，看见一人戴着破旧的帽子，翻穿着皮衣，背着一捆柴草在路边休息。晏婴见那人神色不凡，气宇轩昂，像是很有修养，就下车好奇地问："你叫什么名字？是干什么的？"

"我叫越石父，是给人家做奴仆的。"那人不卑不亢，语调沉稳地说。

原来，他是一个刚刚被买来的奴仆。晏婴对这样一个气度不凡的人被沦为奴隶而感到惋惜，便向买主说明了自己打算赎买越石父的意思。正好，那家的主人也感觉这个奴仆生来就不像个奴才，心想为了防止赔本，卖了也无妨，于是就欣然应允。晏婴随即命人将驾车的左侧马送予那主人，赎出了越石父。就这样，越石父与晏婴一同回到了国都。

晏婴久别归故里，所以这次回来格外思念亲人，到家门口后自己便迫不及待地进了大门，已经完全忘了越石父的存在。越石父自从被赎回来以后，心中对晏婴一直充满了感激，觉得自己终于能够被人赏识，可以一展自己的才华了。可是这一路上，他见晏婴总是自己先上车，然后才让他上车，到家

后也连一声招呼都不打，只顾自己先进屋，根本就没想到还有个越石父在身边。越石父心想，这与我在别人家做奴仆时不是一样的吗？我还有什么前途呢？

不久以后，晏婴做了齐国的宰相，国事非常繁忙，来往和应酬也特别多。越石父根本就见不到晏婴的面，晏婴甚至都没有派人来问过他的情况。越石父心中那种怀才不遇、不被重用的心情更加无法排遣，于是就托人转告晏婴说："从即日起，我越石父与你晏婴绝交，还是到有人赏识我的地方去吧！"

晏婴听了手下人的报告，才回想起自己当初赎回越石父的情景，然后命手下人告诉越石父说："从前你是奴隶，我把你赎了出来，这有什么不对吗？我们并没有私人交情，或者说还没有深交，你为什么这么匆匆地就要与我断交呢？"

越石父说："我从前是个奴仆，但自从你赎出了我，我以为自己遇到了知己，认为你可以了解我，可是，我见你上车自己先上，到家也不打招呼，自己就先进去了，根本没问过我的情况，也没有理睬过我，这与我过去的主人有什么两样吗？常言道：'为人君子，不能因为对人有一点好处就举止轻率。'而你这样对待我，令我很伤心，因此我决定离开这里。"

晏婴听到这一番话后，马上来到越石父跟前诚恳地道歉，说："从前，我只看到先生的外貌举止，而现在更加了解先生的志气和品格，令人佩服，实在是我晏婴失礼。我衷心地向您道歉，还望先生能留下来。日后晏婴有什么不对之处，请先生多多指教。"

越石父见晏婴诚心实意地接受了意见，深感此人胸怀大度，将来必成大业，又经晏婴一再挽留，便留了下来，不久便成了晏婴治理国事的左膀右臂。

◎故事感悟

一匹马只是赎出了越石父的身，恭谦的礼遇才赢得了贤士的心。晏婴之所以能成为一代贤相，无疑是得益于他那恢宏大度的气量与对待贤才谦和有礼的作风。他的故事告诉我们，要诚心诚意地尊重别人，才能获得他人的真心。

◎史海撷英

晏婴倡"仁"

　　"仁"是儒家"仁政爱民"的主要学说，也是晏子施政的主要内容。晏子很推崇管仲的"欲修改以平时于天下"必须"始于爱民"，他也认为："意莫高于爱民，行莫厚于乐民。"因此遇有灾荒时，他就将自家的粮食分给灾民救急，然后动谏君主赈灾，故而深得百姓爱戴。对外则主张与邻国和平相处，不事挞伐。齐景公要讨伐鲁国，他劝景公"请礼鲁以息吾怨，遗其执，以明吾德"，于是景公"乃不伐鲁"。

◎文苑拾萃

闲　昧

（南宋）陆游

　　身似枯禅谢世尘，岂容收敛强冠巾。

　　庾郎三韭不妨饱，晏子一裘何恨贫？

　　栖冷每怜鸡唱早，云开初见月痕新。

　　闲中有味君知否，熊掌驼峰未是珍。

邹忌荐才兴国

◎文武之功，未有不以得人而成者也。——苏轼

> 邹忌（约公元前385—前319年），战国时齐国政治家。他曾以鼓琴游说齐威王，被任相国，封于下邳（今江苏邳县西南），称成侯。他劝说齐威王奖励群臣吏民进谏，主张革新政治，修订法律，选拔人才，奖励贤臣，处罚奸吏，并选荐得力大臣坚守四境，从此齐国渐强。

　　邹忌是战国时期齐国的大臣，他在帮助齐威王广开言路并积极纳谏以后，又考虑到要想富国强兵并使齐国再度称雄于诸侯，关键在善于选拔官吏、任用人才，并建立对各级官吏的奖惩制度，因此，他建议齐威王做好整治和选拔官吏的工作。

　　齐威王即位之初，由于不理政事，把大权交给卿大夫，结果一些地方官吏为所欲为，压榨百姓。他们还收买威王身边的人为他们说话，使齐威王得不到真实情况。齐威王在邹忌的辅佐下，对地方官的政绩优劣进行调查，并以即墨（今山东平度县东南）大夫和阿（今山东阳谷县）大夫作为正反两个方面的典型，进行了认真的处理，在齐国引起了很大的震动。

　　事情是这样的。即墨大夫是一个勤于政事的正直官吏，但因为他不善于贿赂齐威王左右的人，所以齐威王左右的人经常在威王面前说即墨大夫的坏话，对他进行诋毁。与此相反，阿大夫是个贪官污吏，但他善于贿赂齐威王左右的人，所以齐威王整天听到的都是颂扬阿大夫的话。齐威王为了证实情况的真伪，派人到这两个地方去调查。调查的结果表明，情况完全相反。即

墨这个地方田野越开垦越广，人民丰衣足食，官吏勤于政事，奉公守法。阿地的情况却十分糟糕，田野里到处长满了杂草，老百姓贫困不堪，军事防务也很松懈。赵国攻打甄城，阿大夫不能抵御，败阵而回。卫国攻占了薛陵，阿大夫竟然不知道。

当使者向齐威王汇报了真实情况以后，齐威王对这两地的大夫进行了认真的奖惩。他当即把即墨大夫和阿大夫召来，当众赏赐给即墨大夫一万户的封邑。与此同时，把阿大夫和被阿大夫收买、经常在自己面前称誉阿大夫的官吏都烹杀了。这件事情在齐国引起了极大震动，从此以后，官吏不敢再说假话了。

邹忌还帮助齐威王选拔了一批优秀人才，并委以重任。

一个叫田居子的人，既能体恤下情，又能审时度势，善于处理各种复杂关系。邹忌就把他推荐给齐威王，齐威王派他负责河西地区的军政事务。这个地方与秦国和魏国版图相邻，战略地位十分重要。田居子上任以后，果然不负众望，认真治理河西，并使长期以来河西地区的紧张局势得到了缓和。

当时一个叫田解子的人，他平时留心于各国的风俗习惯，特别对楚国的民风民俗非常熟悉。这个人还有一大特点，就是擅长交易盈利。邹忌把他推荐给齐威王，齐威王派他出使楚国，结果使得齐、楚两国的贸易往来不断发展。

还有一个叫黔涿子的人，出生于燕国。这个人智术不凡，邹忌推荐他到与燕国、赵国相望的冥州为官。黔涿子在冥州改变过去单纯防御的做法，积极开展边境交往，使邻国间互通有无，生产和贸易都得到发展。

邹忌还把一个叫子勃子的人推荐给齐威王，齐威王任命子勃子做宫中的官吏。子勃子学术渊博，熟悉各家著作。他做官以后，制定了一套新的礼仪制度，使齐国贵族的行为举止受到一定的约束。从此之后，这些贵族们的行迹大为收敛，不敢越规行事、为非作歹了。

由于齐威王在邹忌的辅佐下进行了一系列改革，选拔和任用了一大批优秀人才，使得齐国逐渐强大起来，多次打败中原强国魏国和赵国，成为东方最强大的国家，使其他诸侯国"莫敢致兵于齐二十余年"。

◎故事感悟

　　邹忌为了国家的富强，大力荐举有一技之长的贤才，终于换来了国家形势的好转和国力的强盛。在邹忌身上，我们看到了一位贤者一心为国的高风亮节。

◎史海撷英

国之重宝

　　有一次，魏王和齐威王一起外出打猎。魏王夸耀说："我们魏国虽然是个小国，但还有10颗宝珠，每颗宝珠的直径有一寸长。它的光亮程度足以照亮前后12辆车那么远。齐国是个大国，请问是否也有这样的宝物呢？"齐威王回答说："我看做宝贝的东西与您有所不同。我有个名叫芸子的大夫，让他守卫南城时，楚人不敢来犯，泗上地方的12诸侯都来朝拜。我还有个名叫盼子的大夫，让他守卫高唐时，赵人不敢来侵。我有个官吏名叫黔夫，让他守卫徐州，燕人和赵人都感到十分害怕。我还有个大臣名叫种首，让他负责维持治安、防备盗贼的工作，结果齐国道不拾遗。这些就是我用以照耀千里的宝物，哪里只是照亮12辆车呀！"魏王听罢，惭愧地离去了。

◎文苑拾萃

一鸣惊人

　　成语"一鸣惊人"出自西汉司马迁《史记·滑稽列传》。故事的原文是："淳于髡者，齐之赘婿也。长不满七尺，滑稽多辩，数使诸侯，未尝屈辱。齐威王之时，喜隐，好为淫乐长夜之饮，沉湎不治，委政卿大夫。百官荒乱，诸侯并侵，国且危亡，在于旦暮，左右莫敢谏。淳于髡说之以隐曰：'国中有大鸟，止王之庭，三年不蜚又不鸣，不知此鸟何也？'王曰：'此鸟不飞则已，一飞冲天；不鸣则已，一鸣惊人。'于是乃朝诸县令长72人，赏一人，诛一人，奋兵而出。诸侯震惊，皆还齐侵地。威行36年。"

　　这个故事的大意是说：淳于髡是齐国的一位入赘女婿，他身高不足七尺，为人滑稽，能言善辩，屡次出使各诸侯国，从未受过屈辱。齐威王即位初期时喜欢躲藏起来，彻夜陶醉于酒宴，不理政事，将国事委托给卿大夫。文武百官也荒淫放纵，各国都来侵犯，国家危在旦夕。身边近臣不敢进谏。淳于髡用隐语劝谏说："国中有大鸟，落在大王庭院里，三年不飞又不叫，大王猜这是什么鸟？"齐威王说："这只鸟不飞则已，一飞就直冲云霄；不鸣则已，一鸣惊人。"于是马上诏令全国72县长官来朝奏事，奖赏一人，诛杀一人；又发兵御敌，诸侯十分惊恐，都把侵占的土地归还齐国。齐国在齐威王的领导下声威竟维持36年之久。

萧何月下追韩信

◎天生我才必有用。——李白

萧何(？—前193年)，早年任秦沛县狱吏，秦末辅佐刘邦起义。攻克咸阳后，他接收了秦丞相、御史府所藏的律令、图书，掌握了全国的山川险要、郡县户口，对日后制定政策和取得楚汉战争胜利起了重要作用。楚汉战争时，他留守关中，使关中成为汉军的巩固后方，不断地输送士卒粮饷支援作战，对刘邦战胜项羽、建立汉朝起了重要作用。萧何采摭秦六法，重新制定律令制度《九章律》，主张"无为"，喜好"黄老之术"。高帝十一年(公元前196年)他又协助高祖消灭韩信、英布等异姓诸侯王。高祖死后，他辅佐惠帝。惠帝二年(公元前193年)卒，谥号"文终侯"。

公元前206年初春的一个夜晚，凉意袭人。银盘似的一轮明月，高高地挂在天空，向大地洒下一片银辉。

南郑郊外崎岖的山道上，一位年过半百的长髯老者在扬鞭策马。

"韩都尉！韩都尉！"老者边策马赶路，边高声呼唤。原来他就是刘邦的著名助手萧何，此时他正在追赶一位名叫韩信的青年军官。

韩信早先投奔了项梁的起义队伍，项梁死后，他又追随了项羽。项羽让他当了一名小小的郎中。韩信几次向项羽献计，项羽根本不予采纳，于是韩信弃楚投汉，刘邦也只是让他做了个小官。韩信见自己不被重用，不免有点牢骚。

一天，他和13个伙伴一起喝酒，酒后失言，有人报告了刘邦。刘邦怀疑他们谋反，便把他们全部逮捕下狱，判了死罪。

　　行刑那天，刽子手手起刀落，刑场上已有13颗脑袋滚落地上。轮到韩信了，他面不改色，大声呼喊道："汉王不是要争天下吗？为什么要杀壮士？"

　　监斩官夏侯婴吃了一惊，他见韩信状貌奇伟，便动了怜才之心。他和韩信一番交谈后，对韩信的才干大为赏识，便说服汉王，赦免了韩信，并提升他为治粟都尉。都尉虽比原来的官职高一级，但韩信仍无法施展自己的军事才能。

　　萧何一贯是个爱才之人，他听说后，便把韩信请去谈话。韩信果然谈得头头是道，见解独特。萧何非常高兴，称赞他是个将才，并保证向刘邦推荐。

　　谁知刘邦并不认为韩信有什么大才能，迟迟不予重用。这使韩信心灰意冷，决心离开刘邦，另谋出路。

　　一日晚饭后，韩信悄悄地打点好行装，骑上马偷偷地逃出了军营。

　　"韩都尉单骑逃出东门！"城门官急忙报告萧何。

　　萧何一听，如失至宝。他来不及报告刘邦，便跳上一匹快马追去。一直追到天黑，追得精疲力尽时，方见前面的小河边一人正牵马饮水。萧何喜出望外，赶上去一看，正是韩信。

　　萧何翻身下马，拉住韩信，让他跟自己回去。韩信不肯，萧何极力劝说，并说因自己尚未向汉王保荐，才致使都尉受委屈。韩信见萧何言辞恳切，方跟他一起回到南郑。

　　韩信回来后，刘邦终于被萧何说服，筑坛拜韩信做了大将。

　　韩信果然是一位了不起的军事人才，在楚汉战争中，他百战百胜，建立了奇功，成了汉朝的开国功臣。

◎故事感悟

　　韩信有盖世之才，萧何有识人之明。萧何的挽留、举荐终于使刘邦认识到了韩信的价值，使韩信在日后的战争中尽显才华。这说明发现人才的人与杰出的人才同等重要。

◎史海撷英

成也萧何，败也萧何

韩信经萧何举荐被刘邦任为大将军，为汉朝的建立立下了汗马功劳，汉朝建立后被封为楚王。晚年的刘邦最怕在自己百年之后政权旁落他人，他先是用计生擒了韩信，念其功高且又无罪证，遂赦免了韩信，改封淮阴侯。后韩信私下与其他将领相约举事，不幸走漏了消息。吕后同萧何商议，由萧何出面，假称北方传回捷报，邀请韩信进宫向吕后贺喜。结果韩信刚入宫门，就被事先埋伏好的武士一拥而上，捆绑起来。随后，韩信被带到长乐宫钟室，被吕后残忍地杀害了。

◎文苑拾萃

韩信

（宋）王安石

韩信寄食常歉然，邂逅漂母能哀怜。
当时哙等何由伍，但有淮阴恶少年。
谁道萧曹刀笔吏，从容一语知人意。
坛上平明大将旗，举军尽惊王不疑。
捄兵半楚潍半沙，从初龙且闻信怯。
鸿沟天下已横分，谈笑重来卷楚氛。
但以怯名终得羽，谁为孔费两将军。

诸葛亮的奇特举荐

◎人能尽其才则百事兴。——孙中山

> 诸葛亮（181—234年），字孔明，号卧龙，琅玡阳都（今山东临沂市沂南县）人。诸葛亮是蜀汉丞相，三国时期杰出的政治家、战略家、发明家、军事家，在世时被封为武乡侯，谥曰忠武侯。
>
> 李丰（生卒年不详），南阳（今河南南阳）人。三国时期蜀汉武将，大臣李严之子。230年，李严防止曹真进攻汉中之时，代其父为江州都督军。李严遭罢免时，诸葛亮以"若与蒋琬协力从事职务，必可开启道路"一语以鼓励。后李丰官至朱提太守。

蜀汉建兴九年，诸葛亮再次率兵出祁山北伐曹魏，责成李严为大军督办粮草。但是，正巧汉中数月大雨，粮草一时征集不起来。李严害怕承担贻误军机的责任，就要了个花招，写信给在前方的诸葛亮，谎称东吴兴兵犯境，后主希望丞相退兵回朝。诸葛亮接信后立即撤了兵。等到部队撤回汉中，李严又在众人面前故做惊讶地说："粮草都已齐备，丞相怎么又撤兵了？"为了防止后主追究撤兵之事，他又给后主上书说丞相撤兵是缓兵之计。

诸葛亮得知这些情况后，对李严这种欺上瞒下、损害国家利益的行为十分气愤，拿出李严给他的亲笔信与其对质，李严张口结舌，无话可说。事情的真相已经明了，但蜀汉当时国力较为衰弱，人才匮乏，许多人都劝诸葛亮看在李严是托孤老臣的分上，不要再追究了。而诸葛亮又何尝不想给李严留点情面呢？两人一起共事多年，私交也相当密切。但想到李严损害了国家利益，作为托孤老臣，影响甚坏，他还是上书后主，要求惩处李严，严明国家

法纪。最后，李严被罢官流放。

令人出乎意料的是，李严被治罪后，诸葛亮马上又推荐李严的儿子李丰为长史，接替李严的职务，负责督办全军的粮草。李丰接受父亲的教训，一丝不苟地办事，不久就受到了嘉奖和提升。

12年后，李严在流放之地听到诸葛亮去世的消息后，悲痛欲绝。他哭着对人说："孔明活着，我还有将功补过的机会；孔明一死，再也没有人能够了解我，再也没有人能给我这样的机会了。"不久，他也在极度的悲伤中去世了。

◎故事感悟

诸葛亮执法严明，并尽力发掘人才。为了蜀汉的兴盛和北伐大业，他不因李丰是罪臣之子就弃之不用，相反，他努力保证了人尽其才。诸葛亮赏罚分明、一心为国选才的精神赢得了人们的尊重。

◎史海撷英

诸葛亮联吴抗曹

建安十三年（208年）八月，曹操南下，刘备大败，退至夏口。孙权派鲁肃前来观察情况，鲁肃建议刘备向孙权求救。诸葛亮面见孙权，说："若果能以吴地的军力与中原之国抗衡，不如早和曹操断交；如果认为不能抵挡，为何不停止军事行动，向北方称臣呢？"

孙权却反问诸葛亮，刘备为何不投降。诸葛亮便提高刘备身价，说刘备是帝王之后有气节，绝不投降，以向孙权显示刘备的决心。孙权大怒，誓言不会向曹操投降，愿与刘备一起抗曹，但却担心刘备的兵员战斗力。诸葛亮说明了刘备现存的力量，又说出曹军远来疲惫，正是"强弩之末，势不能穿鲁缟"，而且北方人不习水战，荆州百姓又是被逼服从曹操，不是心服，曹操必定能打败。孙权非常高兴，后又受到鲁肃、周瑜的劝说，决定联刘抗曹，派周瑜、程普、鲁肃等率3万水军，与曹操开战。

　　十一月，曹操率军在赤壁遭遇孙刘联军的火攻，且军中又发生瘟疫，故而大败，回师北还。

◎文苑拾萃

出师表（节选）

（三国）诸葛亮

　　侍中、侍郎郭攸之、费祎、董允等，此皆良实，志虑忠纯，是以先帝简拔以遗陛下。愚以为宫中之事，事无大小，悉以咨之，然后施行，必能裨补阙漏，有所广益。

　　将军向宠，性行淑均，晓畅军事，试用于昔日，先帝称之曰能，是以众议举宠为督。愚以为营中之事，悉以咨之，必能使行阵和睦，优劣得所。

　　亲贤臣，远小人，此先汉所以兴隆也；亲小人，远贤臣，此后汉所以倾颓也。先帝在时，每与臣论此事，未尝不叹息痛恨于桓、灵也。侍中、尚书、长史、参军，此悉贞良死节之臣，愿陛下亲之信之，则汉室之隆，可计日而待也。

贞观贤相房玄龄

◎致天下之治者在人才，成天下之才者在教化。——胡瑗

房玄龄（578—648年），别名房乔，字玄龄（一说名玄龄，字乔松），齐州临淄（今淄博市临淄区南马坊村人），唐朝开国宰相。房玄龄博览经史，工书善文，18岁时本州举进士，先后授羽骑尉、隰城尉。隋末大乱，李渊率兵入关，房玄龄于渭北投李世民，屡从秦王李世民出征，出谋划策，典管书记，任秦王府记室。每平定一地，别人争着求取珍玩，他却首先为秦王幕府收罗人才。唐太宗李世民即位，房玄龄为中书令；贞观三年（629年）二月为尚书左仆射，监修国史；十一年封梁国公，与杜如晦、魏征等同为太宗的重要大臣，至十六年（642年）七月进位司空，仍总理朝政。房玄龄曾受诏重撰《晋书》。太宗征高句丽时，他留守京师。贞观二十二年（648年）房玄龄病逝，陪葬昭陵。

贞观三年（629年）二月，唐太宗李世民任命房玄龄为左仆射。唐初的左右仆射就是宰相。

唐太宗重视选才用人，他认为"致治之术，在于得贤"。他确定宰相的首要职责是求访贤才。唐太宗还下令把宰相担负的具体政务交给左右丞处理，宰相集中精力处理大事和挑选人才。这为房玄龄选贤任能创造了极好的条件。

房玄龄是一位卓越的实干家，一批出色的人才被他陆续荐举给朝廷。他担任宰相后，首先裁减大量的冗员。唐太宗曾对房玄龄说："官在得人，不在员多。"根据唐太宗的诏令，房玄龄在贞观初年在全国进行了一次重大的行政改革，根据地理位置在全国设10道，300余州，并对在职官员进行大量裁并。这项措施对唐朝政治的巩固和经济的发展无疑有着重要的意义。精简官员，

提高了行政效率，为国家节省了财政支出，减轻了人民负担，使人民得以休养生息，发展生产。

房玄龄不仅果断地裁去大量冗员，而且更注意因才授任，选贤任能。早在李世民做秦王时，房玄龄就发现杜如晦智谋超群，有治国安邦之才，就向李世民推荐了他。从此，李世民开始重用杜如晦。后来，杜如晦辅佐唐太宗治国，功勋卓著，成为与房玄龄齐名的贤相。

房玄龄选用人才时重才也重德。李大亮不但文武全才，而且品德优异。房玄龄称李大亮可以当大位，唐太宗就拜李大亮为左卫大将军，兼领太子右卫军，又兼工部尚书，身兼三职，甚为器重。

薛收是个卓有文才的读书人，经房玄龄的推荐，为唐太宗任用。唐太宗征伐敌人时的檄文、捷报，大多出于薛收之手。可惜薛收只活了33岁，唐太宗感到很惋惜。

对唐太宗要任用的人，房玄龄认为不合适的，也不苟用。贞观二十一年（647年），唐太宗要拜李纬为吏部尚书，想听听房玄龄的意见。房玄龄认为不合适，力劝唐太宗，唐太宗便改变了原来的主意，改任李纬为洛州刺史。

贞观时期吏治清明，人才济济，这和房玄龄一心为公、举贤惜才是分不开的。

◎故事感悟

房玄龄是中国古代著名的贤相。为了国家的长治久安，他一心为公，为朝廷选拔了无数贤才，并大力罢斥庸才、奸佞，为此，他不惧权贵，多次犯颜直谏。他这种秉公持正、努力选贤任能的品质值得后人学习。

◎史海撷英

房谋杜断

唐朝初年，唐太宗非常善于任用能人贤人为之服务，也会经常听从群臣的意

见。一次，太宗在与文昭商量事情时，房玄龄感慨地说："非如晦莫能筹之。"而等到杜如晦来到时，杜如晦立即分析房玄龄的计谋并作出决断。由于两人的合作相当融洽，故而人称"房谋杜断"。

◎文苑拾萃

赋秋日悬清光赐房玄龄

（唐）李世民

秋露凝高掌，朝光上翠微。

参差丽双阙，照耀满重闱。

仙驭随轮转，灵乌带影飞。

临波光定彩，入隙有圆晖。

还当葵霍志，倾叶自相依。

娄师德抛怨荐贤才

◎一年之计，莫如树谷；十年之计，莫如树木；终身
之计，莫如树人。——管仲

娄师德（630—699年），字宗仁，郑州原武（今河南原阳县师寨镇安庄村）人，唐朝大臣、名将，唐高宗、武则天时的两代大臣。娄师德前后在边疆驻扎了30余年，以谨慎忍让而闻名。娄师德为官清廉，虽为朝廷大臣，但生活仍很清贫。

娄师德是武则天称帝时的宰相。

娄师德能虚心举荐能人。有一次，武则天单独召见娄师德，和他谈论政事。谈话中，武则天问娄师德有没有可以担当大任的人才。娄师德听后，未多考虑，极力推荐了狄仁杰。事后，武则天果然采纳了娄师德的意见，将狄仁杰从外地召回京城，和娄师德同任宰相。

狄仁杰任宰相后，并不知道是由于娄师德的举荐，相反，他心中倒总是记着过去和娄师德的一些不愉快的过节。而且，不久前他曾遭受到一些政治迫害，心里总是怀疑娄师德在里边起了推动的作用。因此，他常常当着武则天的面讲娄师德的不好。时间长了，他的话引起了武则天的注意。

一天，武则天在便殿和狄仁杰闲谈。闲谈中，武则天有意问狄仁杰："娄师德的品德好不好？"狄仁杰话中带刺地说道："他带兵守边时，有过战功。至于他的品德好不好，我不是很清楚。"

武则天接着又问："他能发现和举荐出色的人才吗？"狄仁杰说："我和他在一起，没有这方面的感受，也不曾听说过。"

听到这里，武则天哈哈大笑，对狄仁杰说："你还不知道吧？你能当上宰

相，正是由于他的举荐呀！依我看，在荐贤方面，没有比娄师德做得更好的了。"武则天随即拿出了娄师德的荐表，让狄仁杰过目。

事情完全出乎狄仁杰的意料，他感到十分惭愧，感叹地说："娄师德的度量这么广阔，我却一点儿也不知道，可见我比他差远了！"

从此，狄仁杰主动交好娄师德，两人的关系密切起来，共同辅佐武则天管理国事。

不久，北方的契丹出兵犯境，攻陷了一些州郡。敌兵烧杀抢掠，百姓纷纷逃难。这时狄仁杰和娄师德一同率兵出征，抵御敌兵。他俩互相配合，分路出击，杀退了敌军，收复了失去的州郡，使边境居民重新过上了安定的生活。

◎故事感悟

娄师德宽宏大量，不记旧恶，秉持公心，向武后极力推荐狄仁杰，品德高尚；狄仁杰虽对娄师德有误会，但当他知道娄师德的高尚品格后也勇于改正自己的错误，与娄师德同心同德为国家做事，也是值得赞扬的。

◎史海撷英

狄仁杰犯颜直谏

唐高宗仪凤年间（676—679年），狄仁杰升任大理丞。他为官刚正廉明，一年之中就判决了大量的积压案件，涉案1.7万人无一诉冤者，一时名声大震。

为了维护法律，狄仁杰敢于犯颜直谏。仪凤元年（676年），武卫大将军权善才误砍了昭陵的柏树，狄仁杰奏其罪当免职。而唐高宗却在气愤之下，命人马上杀了权善才，狄仁杰又奏罪不当死。高宗愤怒地说："善才砍了陵上的树，是陷我于不孝，必须杀之！"左右的人都劝狄仁杰退下，狄仁杰却说："违逆君主的意思，自古以来都觉得是最难的事情，我却认为不然。在桀、纣当政时则难，尧、舜当政时则易。我幸逢尧、舜之君，不惧有比干之诛。今陛下以昭陵一株柏杀一将军，千载之后，后人谓陛下为何主？我不敢奉诏杀善才，以陷陛下于不道。"高宗这才怒气稍解，权善才也因此而被免死。

◎文苑拾萃

《大唐狄公案》

《大唐狄公案》是西方汉学大师高罗佩的经典之作，如今已为列入美国芝加哥大学学生的必读书目。全书以中国唐代宰相狄仁杰为主人公，讲述了他在州、县及京都为官断案、为民除害的传奇经历。

全书共16个中长篇、8个短篇，每篇的案情都十分凶险，情节扣人心弦，谜底更是逼人追索。作者笔下的狄仁杰不同于中国传统公案小说中的"青天大老爷"，他有着独到的办案风格，重效率而轻缛节，讲操守而又善变通，重调查推理，而不主观妄断。狄仁杰断案如神，被西方读者称为古代中国的福尔摩斯。

20世纪50年代，《大唐狄公案》的英文版一面世，就在欧美引起了轰动。至今该书已被译成十多种文字，并不断再版。

狄仁杰慧眼识人

◎不须要出我门下，实用人材是至公。——黄庭坚

> 狄仁杰（630—700年），字怀英，唐代并州太原（今山西省太原南郊区）人，唐朝杰出的政治家，武则天当政时期任宰相，武则天称其为"国老"，初任并州都督府法曹，转大理丞，改任侍御史，历任宁州、豫州刺史等职。狄仁杰为官如老子所言"圣人无常心，以百姓心为心"，为了拯救无辜，敢于拂逆君主之意，后人称之为"唐室砥柱"。狄仁杰是我国历史上以廉洁勤政著称的清官。

　　狄仁杰少时聪颖好学，参加科举考试，中明经科，封官汴州判佐（司法官职）。他为官清正，勇于直言进谏，屡次受到高宗的提拔封赏。武则天时，由大臣娄师德举荐，他被提升为宰相。

　　狄仁杰为相不居功自傲，他不断地从各地选拔能人奇士，入朝为官。当时，武则天命令宰相各推举员外郎一人。狄仁杰认为自己的儿子狄光嗣果敢正直，精明强干，又有学问，便推荐了他。武则天拜他为地官员外郎，掌管天下户口。

　　狄光嗣挂印上任后不久，就表现出非凡的才能。他处理事务条理分明，从未出过什么差错，很有成绩。武则天知道后，高兴地对狄仁杰说："你简直可以和古代的贤人祁奚相比了。"

　　通事舍人（掌管太子宾客接待）元行冲，学识渊博，狄仁杰十分器重他。元行冲对狄仁杰说："持家者要准备好肉、盐等以维持生命，准备好药物用来治病。我认为您家中的山珍海味是很多的，就让我尽点药末的力量吧。"

狄仁杰很感动，说："我药柜中的药是一天也不能缺少的。"后来他向武则天举荐了元行冲。

狄仁杰任宰相后，更加广泛地审慎察人，大胆用人，不让一个能人贤士埋没。

有一次，武则天问他："我想任用一个贤能之士辅佐我处理公务，你认为谁合适呢？"

当时襄阳人张柬之极有政绩，但年龄已高，在家休养。狄仁杰早闻其名，说："有个叫张柬之的人，虽然年事已高，却具有担任宰相的才能。"武后便任命张柬之为洛州（今河南洛阳）司马。

过了一些日子，武则天又问狄仁杰同样的话，狄仁杰说："上次我向您推荐了张柬之，您还没有任用他呢！"

武后说："我已任命他为洛州司马了。"

狄仁杰说："那真是大材小用。我推荐的人可以担任宰相而不是司马。"

武则天调张柬之为秋官侍郎（掌管刑法典狱）。张柬之不负众望，政绩斐然，受到人们夸赞。武则天最终任命他为宰相。武则天对狄仁杰识人的能力极为赞赏。

狄仁杰后来又推荐夏官侍郎姚崇、监察御史桓范彦、太州刺史敬晖及袁恕己、崔玄玮等数十人在朝任职。姚崇后来是唐玄宗时极有才干的宰相；桓范彦慷慨豪爽，狄仁杰很看重他，曾说："足下才智过人，一定能有前途。"果然，不久他就被升为御史。

狄仁杰推荐了这五人后就退休了。他对他们说："令人遗憾的是我老了，看不到你们施展雄才大略了。希望诸位各自保重，尽心为国。"他们都非常感动。后来这些人在拥立中宗复位、驱除佞臣张易之时立下了汗马功劳。

狄仁杰一生推荐了数十人为相任卿，声名远播。有人曾对他说："天下的门生都在您的门下了。"

狄仁杰却说："举贤是为了国家，不是为了私利啊！"

◎故事感悟

狄仁杰慧眼识才，尽心荐才，为国家造就了一批杰出的栋梁。他谦虚谨慎，并不居功自傲，显示了宽广的胸怀。他的美德值得人们永远学习。

◎史海撷英

狄仁杰仁义和戎夏

武则天垂拱二年（686年），狄仁杰出任宁州（今甘肃宁县、正宁一带）刺史。其时宁州为各民族杂居之地，狄仁杰注意妥善处理少数民族与汉族的关系，"抚和戎夏，内外相安，人得安心"，郡人为他勒碑颂德。是年御史郭翰巡察陇右，宁州歌狄刺史者盈路，郭翰返朝后上表举荐，狄仁杰升为冬官（工部）侍郎，充江南巡抚使。

◎文苑拾萃

公案侠义小说《狄公案》

《狄公案》系清佚名著，是侠义与公案小说集大成的巨著。书中描写了狄仁杰在州、县及京都任上为官断案、与民除害的不凡经历。该书情节引人入胜，扣人心弦。无论多么复杂凶险的案件，一经狄仁杰之手，均可神奇破获，令人称奇。

赵普犯颜荐才

◎才之用，国之栋梁也。——王安石

赵普（922—992年），字则平，北宋政治家，祖上为幽州蓟（今北京西南）人，后迁镇州（今河北正定），再迁洛阳。后周时赵普为赵匡胤的幕僚，任掌书记，策划陈桥兵变，帮助赵匡胤夺取政权。宋初赵普任枢密使，乾德二年（964年）起任宰相。太宗时赵普又两次为相，淳化三年（992年）因病辞职，封魏国公。赵普少时为吏，读书不多，相传赵普有"半部《论语》治天下"的说法。

赵普是宋初著名功臣，辅佐宋太祖赵匡胤多年。他性格沉稳，严肃刚正，又很有原则，能以天下大事为己任。宋初，在宰相职位上的人有很多都拘谨、顾小节而遇事沉默不言，赵普则刚毅果断，勇于说出自己的观点，不怕得罪人，没有谁能与他相提并论。

有一次，赵普推荐某人担任某个官职，赵匡胤对这个人印象不好，不同意用这个人。第二天，赵普又上奏推荐这个人，赵匡胤有点不耐烦，还是不准备用。如果是其他人，看到皇帝不高兴，早就改弦易张了。可赵普不是这样，他丝毫不考虑自己的利益和安危。第三天，赵普还是上奏推荐这个人。赵匡胤一见奏章，勃然大怒，撕碎赵普的奏章并扔在地上。赵普并不害怕，脸色一点没有变。他没有谢罪，把奏章碎片捡起来带回了家。

赵普荐举这个人的决心没有变，他要寻找一个好机会。过了些日子，赵普把赵匡胤撕破的奏章补缀起来，又像当初一样拿去上奏。赵匡胤不像原来一样怒火冲天了，心想，赵普不是徇私舞弊或糊涂之人，他极力举荐这个人

必定有他的道理。赵匡胤仔细思考了一下，最终任用了这个人。后来此人果然很称职。

◎故事感悟

赵普作为宋朝开国之臣，谋略出众，性情刚直。在推荐人才一事上，他秉公持正，一心为国家着想，不顾自身安危，敢于犯颜直谏，最终使有才之人得到重用。他的胸怀和勇气令人钦佩。

◎史海撷英

君臣雪夜议国事

乾德二年（964年），宋太祖赵匡胤认为中央与地方政权既定，时机成熟，便尽罢原后周的大臣，任命赵普为门下侍郎、平章事，实际上担任的是宰相的职位。

一天晚上天降大雪，赵匡胤与弟弟赵光义冒雪访问赵普，赵普燃炭烧肉置酒招待他们。赵匡胤称赵普妻子为嫂，君臣之间气氛甚为融洽。他们谈话的中心是商量用兵北汉的问题。赵普认为，北汉西面、北面都有敌国，若攻下北汉，就与敌国直接相对。不如先消灭南方弱小的国家，等大局已定的时候，小小的北汉哪里是我们的对手呢？赵匡胤表示，赵普的策略深合他的心意。他们的这项策略为日后的统一战争指明了方向。

◎文苑拾萃

日诗

（宋）赵匡胤

欲出未出光辣达，千山万山如火发。

须臾走向天上来，逐却残星赶却月。

王旦雅量推寇准

◎不以求备取人，不以己长格物。随能受叙，无隔疏贱。——吴兢

王旦（957—1017年），北宋名相，字子明，大名莘县（今属山东）人，王太平兴国五年（980年）进士。淳化二年（991年），王旦任右正言、知制诰，并被封为礼部郎中、兵部郎中；至道三年（997年）真宗即位，4年之中连续晋升，初为中书舍人，后为参知政事；景德二年（1005年）加封为尚书左丞，次年，升为工部尚书、同中书门下平章事，成为宰相；景德三年（1006年），除工部尚书、同中书门下平章事、集贤殿大学士。天禧元年（1017年）九月王旦病逝，册封太师、尚书令、魏国公，谥文正。

王旦和寇准都是北宋真宗时期的宰相，寇准声名赫赫，而王旦却鲜为人知。其实，寇准的显赫政绩与王旦在背后的支持和举荐是分不开的。

寇准有着不凡的胆略和才干，宋太宗、宋真宗对他都十分器重。但作为群臣之首，寇准的缺点也很明显，那就是比较独断自大，器量也欠宽宏。《宋史》中说他"虽有直言之风，而少包容之量"。而与寇准同年考取进士的王旦虽然只大寇准4岁，但他最为人称道的就是识大体，待人处事宽厚，做事风格与寇准形成了鲜明对照。

王旦为人宽宏，在家里也从不为家务琐事而发怒或怪罪下人。有一次，他家的厨子想试试他的忍耐限度，故意把灰尘投进肉羹里，王旦看了看，就只吃白饭。家人问他怎么不吃羹，他说："我今天不想吃肉。"改天厨子又故意把灰尘掉进饭里，王旦看了看说："今天我饭也不想吃，就来点粥吧。"

一次，王旦任职的部门送公文到寇准那边，体例不合，寇准禀报上去，

王旦被真宗批评，手下人也都跟着挨罚。不久，寇准那边送来的公文也出了类似问题，王旦手下的堂吏们欣然呈给王旦，心想这下可逮着报复的机会了，哪知王旦只是派人送还给寇准，请他改正后再呈送。寇准很惭愧，见到王旦就说："老兄，你为什么有如此大的度量？"王旦笑而不答。

尽管王旦为人宽厚，但也难免有人批评他。说王旦坏话最多的就是寇准，而王旦对寇准则基本上都是赞许的话。时间长了，连宋真宗也替王旦打抱不平，说："你如此赞美寇准，他却总说你不好。"王旦替寇准辩解说："这也是理所当然的，我管事久了，缺失肯定不少。寇准直言无隐，更见得他是个忠直的大臣。我所推重的，就是这样的人啊。"

王旦自从景德三年（1006年）登上宰相之位后，任相10多年。而寇准虽然比王旦早两年登相，却经历了几起几落。王旦任宰相后不久，寇准被真宗罢免枢密使之职。他私下请求王旦，说想当使相。王旦吃惊地说："将相之任，怎么可以自己要求呢？我不接受私人的请求。"寇准以为这事没希望了，可是不久他真的被任命为武胜军节度使、同中书门下平章事，得到了使相之职。寇准觐见真宗时，真宗告诉他，这都是出于王旦的推荐。王旦虽然不接受他的私请，但以公而论，却认为他有这个资格。寇准既惭愧又感动，这才承认自己确实不及王旦。

天禧元年（1017年），王旦病重，宋真宗在探视他时问："万一你要有个三长两短，天下事应当托付给谁呢？"王旦不肯推荐，说："知臣莫若君，人选应当由您来定。"真宗说："你就说说你个人的意见。"王旦郑重地说："一定要问我的话，我认为没有谁比寇准更合适了。"真宗说："寇准性情偏执，你再提别人吧。"真宗其实是想让王钦若当宰相的，但王旦说："其他人我就没那么了解了。"王旦死后，真宗果然再次任用寇准为相。王钦若则又等了若干年，才终于做了宰相。他对人说："就因为王旦，我推迟了10年才当上宰相。"

◎故事感悟

王旦以公心处事，宽宏大量，努力避免与寇准的冲突。虽然二人之间有过节，但王旦还是多次向皇帝举荐寇准，并不惜违逆皇帝的意思。在王旦身上，我们看到了一位国家栋梁之才的宽仁之德、公忠之心、惜才之意。

◎史海撷英

王旦朴实廉洁

王旦的子女看到一条玉带很好看，就拿给王旦看，王旦叫他们把玉带系在自己的腰上，问："系在身上还看得见漂亮吗？"他们说："系在身上，自己怎么能看得见？"王旦说："自己负重却让人家赞美，那不是很劳累吗？快还掉它。"

王旦一生都没有购置田房，他说："子孙应当想到自立才行，何必为他们买田置房呢？这样做只会让他们为争夺财产而成为不义的人。"王旦的侄子王睦酷爱读书，曾经写信要求王旦推举他为进士，王旦说："我曾经为你的名利心太盛而担心，怎么可以再同贫寒的读书人去争功名呢！"王旦就是这样廉洁，所以直到王旦去世，他的儿子王素也没有做官。

◎文苑拾萃

十州阁

（宋）王旦

山川如幻阁长秋，一鸟飞来伴九州。
不碍渔礁双桨过，何妨罗绮四时游。
云疑泰华分张去，永忆蓬瀛散漫浮。
禁苑未知湖海乐，生绡写取献九州。

欧阳修荐贤

◎论大功者不录小过，举大善者不疵细瑕。——班固

欧阳修（1007—1072年），字永叔，号醉翁，晚年号六一居士，庐陵（今江西吉安）人，北宋文学家、史学家，为唐宋八大家之一，在政治上也负有盛名。欧阳修于宋仁宗天圣八年（1030年）中进士，初任西京留守推官，后入朝任馆阁校勘。因为范仲淹的新政辩护而遭贬，先为夷陵县令，转乾德县令，又复任馆阁校勘，进集贤校理、知谏院，任龙图阁直学士、河北都转运使，因事降知滁州，又知扬州、颍州、开封府，后以翰林学士知贡举，拜枢密副使、参知事先事、刑部尚书、兵部尚书等，以太子少师退归，赠太子太师，谥号文忠。欧阳修是北宋诗文革新运动的领袖，继承并发展了韩愈的古文理论。他主张文以明道，反对"弃百事不关于心"；主张文以致用，反对"舍近取远"；提倡平易自然之文，反对浮艳华靡的文风。其诗意境别颖，清丽秀美，耐人寻味。

北宋的欧阳修不仅是一位杰出的文学家，也是一位杰出的政治家。他在任职吏部和任参知政事期间，广揽人才，培养、提拔了一大批新人，如包拯、张壤、苏轼、苏辙、曾巩、程颖、张载、王回等。欧阳修和苏洵、苏轼、苏辙、王安石、曾巩同列"唐宋八大家"中，其实这五人都是经欧阳修推荐提拔成名的。

曾巩是欧阳修的江西老乡，比欧阳修年少12岁。他22岁那年赶考，结果名落孙山。欧阳修为了鼓励他，特意为他写了篇《送曾巩秀才序》，并收他为门人。数年后，曾巩再次赶考，终于中了进士。欧阳修很高兴，遂向宰相杜衍推荐他，说"进士曾巩者，好古为文知道理，不类乡间少年举子"，希望有所任用。不久，又写了《举章望之、曾巩、王回等充馆职状》的奏议，说"曾

巩自为进士，已有时名。其所为文章，流布远迩。志节高爽，自守不回。臣今保举，堪充馆阁职任，欲望圣慈特赐甄擢。"还表示："如其不如举状，臣甘当同罪！"恳请皇上予以重用。结果，曾巩被晋升为实录检讨官，接着又不断升迁，从而成为朝廷名臣。

对于朝廷官员，欧阳修也择优推举他们担任更重要的职务。例如，他写有《论韩琦、范仲淹乞赐召对札子》，向皇帝举荐韩琦、范仲淹可重用掌国。他还写有《论乞主张范仲淹、富弼等行事札子》，请求皇帝坚信范仲淹、富弼等人。

欧阳修一直到告老还乡之前，还向宋神宗推荐了三位未来的宰相人选：司马光、吕公著、王安石。这一消息传出后，顿时在文武百官中引起了很大震动：因为这三个人都与欧阳修有着很深的矛盾。

首先是司马光。欧阳修和司马光在不久前的"议礼"事件中，简直是势不两立。"议礼"是指讨论濮王的谥号问题。濮王赵允让是宋英宗赵曙的生父，而宋仁宗赵祯则是赵曙的继父。赵曙应如何尊奉生父濮王？欧阳修和司马光意见分歧很大，司马光甚至要求罢免欧阳修的官。

其次是吕公著。欧阳修与吕公著之间的关系也异常紧张。早在庆历年间，范仲淹当权，施行新政，欧阳修是大力支持者。新政失败，许多人落井下石，把范仲淹说得一无是处，还联合上书仁宗皇帝，要求罢免范仲淹。值此关键时刻，欧阳修毅然站出来，舌战群儒，并上书仁宗，慷慨陈词，竭力为范仲淹辩解。而吕公著此刻也站了出来，针对欧阳修的说词逐条批驳，还列举欧阳修如何支持范仲淹，甚至把他说成"范党"，要求仁宗也罢他的官。其结果，由于寡不敌众，弱不胜强，范仲淹被贬出朝廷，欧阳修的地位也随之一落千丈，被贬为小小的夷陵县令。他在地方任职多年，重返朝廷时已经须发斑白了。

至于王安石，欧阳修与他也有过极不愉快的事。王安石初仕之时不认识欧阳修，而分外关心王安石的曾巩劝他结识欧阳修。王安石天生就是倔脾气，被人称为"拗相公"，说什么他也不去。后来，王安石还曾嘲戏欧阳修。这对清高的欧阳修来说，简直是极大的羞辱。

而今欧阳修一札荐三贤，难道是他忘记了司马光与他唇枪舌剑的"议礼"之争？忘了吕公著奏本使他在外漂泊十余年？忘了王安石曾作诗戏弄他？不

少人百思不得其解。但了解欧阳修的人却知道，他之所以如此，完全是把个人恩怨置之一边，一心想的是国家的利益。

◎故事感悟

欧阳修不仅是一位杰出的文学家，更是一位公忠为国的政治家。他虽屡遭贬斥，但爱国之心不减，不因私人恩怨废弃国家大事，极为大度地推荐了三位贤才。他的做法表现了一位杰出之人为国荐才的胸怀。

◎史海撷英

欧阳修治滁州

庆历五年（1045年），庆历新政失败，欧阳修受牵连，被贬为滁州知州。欧阳修深谙下情，有着丰富的从政经验。他清楚，对于滁州这样地僻物丰、民风淳朴的地方，应该为政宽简，多予少取。他在这么做的同时，又发动全城上千民工，在冬闲时用去9万多个劳动日，修筑了滁州的城墙；为加强社会治安，他亲自督率操练民兵；由于大旱，他还亲自带领百姓在柏子龙潭前祈神求雨。按照这样的行政方略治理滁州，果然第二年就初见成效了，百姓"乐其岁物之丰成"。在给好友梅尧臣的信中，欧阳修很高兴地说："小邦为政期年，粗若有成，故知古人不惑小官，有以也。"

◎文苑拾萃

采桑子

（宋）欧阳修

清明上已西湖好，满目繁华，争道谁家，绿柳朱轮走钿车。
游人日暮相将去，醒醉喧哗，路转堤斜，直到城头总是花。

徐悲鸿慧眼识"二石"

◎人才那得如金铜，长在泥沙不速朽。愿公爱士如爱尊，毋使埋渣嗟不偶。——袁枚

齐白石（1864—1957年），湖南湘潭人，20世纪十大画家之一，世界文化名人。齐白石宗族派名纯芝，小名阿芝，名璜，字渭清，号兰亭、濒生，别号白石山人，遂以齐白石名行世；并有齐大、木人、木居士、红豆生、三百石印富翁、百树梨花主人等大量笔名与自号。齐白石将中国画的精神与时代的精神统一得完美无瑕，使中国画得到国际的重视。

徐悲鸿是我国现代著名画家，他的画明朗简洁、充满生气，特别是他画的马，更是驰名中外。

1929年，徐悲鸿从法国留学回来，经蔡元培先生推荐，担任了北平艺术学院院长。当时他只有34岁，很有魄力。为振兴中国的艺术事业，他广泛邀请著名艺术家到学院任教。

当时，徐悲鸿在画坛上早已赫赫有名，而齐白石虽已是67岁高龄，仍不为人注意，在很长的一段时间里，只好默默无闻地刻印、卖画，借以维持生活。由于齐白石是木匠出身，有人甚至瞧不起他。对于这位老人的画，徐悲鸿却极为推崇。他对人说："中国的文明已经奄奄一息了，要拯救，要发掘人才！"

这天，徐悲鸿来到齐白石家中拜访。两人因为志趣相投，一谈起绘画，立刻兴致勃勃，十分投机。可是，当徐悲鸿提出要聘齐白石做艺术学院教授时，齐白石却婉言谢绝了。

徐悲鸿并不灰心，过了几天，他又去拜访齐白石，试图再次说服他，没想到又碰了软钉子。徐悲鸿真有点失望，但转念一想，自己要邀请齐先生这样的老画家，怎能不诚心诚意呢？于是，他第三次登门邀请。这下齐白石被他的真心实意打动了，说出了自己一直不愿答应的原因。

原来，齐白石小时候家境贫寒，连小学也没上过，就被送去做了木匠学徒。他没进过洋学堂，完全是靠自己辛苦努力自学成才，成为大画家的。如今要他到"洋学堂"教书，面对的都是受过正式教育的大学生，总觉得不对劲儿。

徐悲鸿听齐白石这么一说，忙道："其实您不必担心，我不是要您去讲课，只希望您在课堂上给学生示范就可以。"他还说道："我一定会陪您一起上课。冬天生炉子，夏天安上电扇，不会让您不舒服。"齐白石十分感动，答应去试一试。

第二天，徐悲鸿亲自坐车去接齐白石。到学校时，学生们在校门口热烈欢迎。他们先是请齐白石作画，然后再一起谈画画时的心得体会。结果齐白石一点儿也不感到紧张，学生们对这种上课方式也十分满意。下课后，徐悲鸿又亲自送齐白石回家。从此，两人成了知心好友。

但不久，徐悲鸿的做法遭到了一些人的非议。他们说什么"齐木匠居然来当教授了"、"徐悲鸿凭个人好恶用事"。对于这些，徐悲鸿毫不理睬。他力排众议，向中华书局推荐出版了齐白石的画集，向更多的人介绍齐白石的艺术成就。齐白石的第一部画集就是由他亲自编辑并作序出版的。

齐白石老人感慨地对徐悲鸿说："生我者父母，知我者君也。"他多次发自肺腑地对人诉说，"我一生最知心的朋友，就是徐悲鸿先生！"

徐悲鸿的爱才之心并没有局限于齐白石一人。1931年的一个晚上，当失业在家的画家傅抱石听到徐悲鸿来到南昌的消息时，便挟着自己的画赶到徐悲鸿下榻的旅店。当徐悲鸿听说傅抱石出身贫寒，靠刻苦自学学会了绘画，目下正处于绝境时，他马上直奔江西省主席熊式辉的官邸。

"熊主席，我来拜访你，是因为我发现了你们江西省的一个人才。"

"什么人才？"

"画家傅抱石！他正失业，但是他很有才华和功力。我想，你们江西省应当培养他，把他送到国外去留学。"

经过努力，徐悲鸿终于为傅抱石争取到了1000块大洋，不仅解决了傅抱石一家的燃眉之急，而且使他得以出国深造。1936年，傅抱石学成归国后，徐悲鸿又把他引荐到中央大学艺术系任教。

◎故事感悟

徐悲鸿的艺术造诣无与伦比，但他尊重人才、关怀人才、举荐人才的善举更令人感动。他的慧眼和热心成就了两位艺术大师，也让他的人格散发出了耀眼的光辉。

◎史海撷英

齐白石妙语讽敌

抗日战争时期，国民党将军宣铁吾过生日，硬邀请国画大师齐白石赴宴作画。齐白石来到宴会上，环顾了一下满堂宾客，略作思索，铺纸挥毫。转眼之间，一只水墨螃蟹跃然纸上。众人赞不绝口，宣铁吾更是喜形于色。不料，齐白石笔锋轻轻一挥，在画上题了一行字："看你横行到几时"，后书"铁吾将军"，然后仰头拂袖而去。

◎文苑拾萃

徐悲鸿的《田横五百士》

《田横五百士》是涂悲鸿的力作。故事出自《史记》。田横是秦末齐国旧王族，刘邦消灭群雄后，田横和他的五百壮士逃亡到一个海岛上。刘邦招降田横，田横在路上耻于以"亡虏"身份见刘邦，便自刎而死，他的手下壮士闻讯后也都相继自杀。司马迁感慨地写道："田横之高节，宾客慕义而从横死，岂非至贤。余因而列焉。不无善画者，莫能图，何哉！"可见涂悲鸿作此画是受太史公的感召。

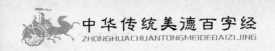
　　正是有感于田横等人"富贵不能淫，威武不能屈"的高风亮节，涂悲鸿才着意选取了田横与五百壮士惜别的戏剧性场景来表现。这幅巨大的历史画展现着一种悲壮的气概，撼人心魄。画中将穿绯红衣袍的田横置于右边作拱手诀别状，昂首挺胸，表情严肃。人物伸展的手臂、踮起的脚尖、前跨的腿、支立着的木棍、阴森锋利的长剑等，构成了一种紧凑的画面节奏，寓动于静，透出一种英雄主义的气概。在当时流行现代主义艺术之风的中国，涂悲鸿坚持关注生活、关注社会的现实主义立场，借历史画来表达他对社会正义的呼唤，这些犹如黑夜中的闪电划亮天际，透出黎明的曙光。

ZHONGHUACHUANTONGMEIDEBAIZIJING

中华传统美德百字经

贤·举贤惜才

第二篇

明者尚贤

商汤用贤施仁政

◎帝王之美德莫大于知人。——包拯

> 汤（生卒年不详），商朝的建立者，又称武汤、武王、天乙、成汤、成唐，甲骨文作唐、太乙，一称高祖乙。汤为帝喾（传说中古代部族首领）之子契的十四世孙，姓子，名履，又名天乙。夏朝末年汤一举成为商族的首领，由于爱护百姓，施行仁政，深得民众的拥护，以致周围的一些小国也慕名前来归附，其势力便迅速强大起来。灭夏后，他建立了中国历史上第二个奴隶制国家商朝，定都于亳，死后被谥为"成汤"。

夏朝的时候，商族只是一个小部落。他们的先祖是契。舜执政时，任命契为司徒，因其教化百姓有功，被封于商。

夏朝末年在位的君主是桀。虽然桀才智过人，身材魁梧，力大如牛，但却残暴无道。他建造了高大华丽的宫殿，令人民不堪其苦。他的王后妹喜备受宠爱，妹喜有个爱好，喜欢听撕丝绸的响声，桀就命人撕绸子玩儿，取悦妹喜。

桀的另一"力作"是酒池，他和妹喜坐着彩船在酒池中划来划去看热闹。船中置一鼓，桀亲自击鼓。鼓声一响，跑到酒池边"牛饮"者有三千多人。有人喝醉后失足淹死，妹喜"笑而为乐"。

为了说服这位君王改邪归正，有位叫关龙逄的大臣提了意见。桀勃然大怒，对这位忠贞的大臣施予"炮烙"之刑残忍地杀害了。

对夏桀的种种倒行逆施，人民恨之入骨。夏桀曾自比太阳，人们诅咒道："你这个太阳怎么还不死呀，我愿与你同归于尽。"

　　有一次，夏桀杀害谏者，商国首领汤派人哭吊被杀的人。夏桀的大臣赵梁为了讨好桀，建议把汤囚禁在夏都（今河南巩县境内）的水牢里。后来，汤采用行贿的办法得以获释，他下定决心要推翻夏桀的统治。

　　汤获释后，更加注意以仁政治国，恩及禽鸟，大得人心，诸侯国背夏而顺汤者越来越多。无论是治理国家也好，起兵打仗也罢，人才是关键。汤先后得到仲虺和伊尹两个人才。

　　仲虺的祖先奚仲在禹时是负责造车的官员"车正"。这时的仲虺已是薛地（今山东滕县南）的一个小诸侯了。他听到夏桀的暴行，也不顾自己和夏桀同宗的亲戚关系，带着族人来投奔汤。汤喜出望外，用其为左相，参与国政。

　　伊尹，名挚，出生在伊水（今河南伊川）边，后流落到有莘氏（今河南开封陈留），被有莘国王的一位厨子所收留。伊尹出身低微，是有莘氏的奴隶，但他位卑未敢忘忧国。通过对夏桀所作所为的观察，伊尹认为他的暴行已经给自己掘好了坟墓，非亡不可。伊尹看到东方的商国勃然上升的势头，决定投奔汤。

　　机会来了，汤向有莘国王提亲，要娶其女儿为妻。有莘氏求之不得，爽快地答应了。伊尹趁机请求以陪嫁奴隶的身份去商国，得到的答复是可以。

　　伊尹到了商国以后，充分发挥自己在有莘国学到的厨艺，给汤做的饭味美无比，很得汤的赏识。后来一谈话，汤又发现他是位治国的人才，于是，汤作出了一个反常规的大胆决定，用这位奴隶为右相，参与国政。

　　伊尹得到重用后，充当了间谍的角色。他往返于河南夏都与山东商国之间前后五次，为的是侦察夏朝的虚实，向汤汇报。

　　为了扫清夏桀的外围，汤根据了解到的情况找了些理由把和夏桀关系很好的葛国给灭了。此后又灭了韦、顾、昆吾等与桀关系密切的小国，并停止向夏朝进贡。由于汤施行仁政，所以在汤实施攻伐时出现了一个奇怪的现象：汤打到哪儿，哪里的百姓就高兴，而没有攻到的地方的百姓就抱怨："怎么还没打到我们这儿呀？"夏桀怒不可遏，召集诸侯于有仍（今山东济宁），会盟攻汤，可是诸侯们对他的话充耳不闻。

　　时机成熟了，公元前1600年的一天，伊尹帮着汤率领72辆战车及6000人

誓师西征，在鸣条（今河南封丘东）与桀的军队大战。

战斗进展得极快，夏桀众叛亲离，他的军队很快就土崩瓦解了。

夏桀和妹喜逃到南巢（今安徽寿县东南），被追上来的商军捉住，因于南巢之亭山，三年后去世。临死时，夏桀还死不醒悟，他说："我后悔没有在夏台将汤杀掉，以致有今日。"这个昏庸残暴的独夫，至死也没有明白施行仁政、选贤任能的道理。

◎故事感悟

作为一位雄心壮志的政治家，商汤没有因为伊尹出身低贱就无视他，而是礼贤下士，破格重用他，体现了一位伟大君主的胸怀和气概。伊尹不负众望，全心全意辅佐商汤，终于推翻了夏朝。他们两人共同开创了一个新的时代，为后人留下了一段"君明臣贤"的佳话。

◎史海撷英

商汤"网开三面"

据《史记·殷本纪》记载，汤做部落首领时，为人十分仁慈。一次，汤外出时，看见一个人正在树林里张开四面大网，准备捕鸟。那人将网布设好后，还向上天拜了几拜，祈祷说："凡是从四面八方来的鸟，都飞到我的网里来吧！"汤见此情景，忙走上前对那人说："你怎么可以这样赶尽杀绝呢？赶快撤掉三面网，留下一面网就可以了。"说完，汤就让那人撤掉网的三面，只留下一面。然后他也朝上天拜了几拜，祈祷说："鸟儿啊，你们愿意往左边飞走的，就从左边飞走吧！愿意从右边飞走的，就从右边飞走吧！如果不愿意飞走，那就进入我的网里吧！"汤网开三面恩及禽兽的事传开后，老百姓都称赞他宽厚仁慈。四方诸侯听说这件事后，也纷纷赞叹说："汤真是个仁德的君主，他对飞禽都如此仁慈，对百姓肯定就更加仁爱了。"于是他们都衷心拥护汤，使得汤的势力一步步扩大了。

◎文苑拾萃

汤誓

王曰:"格尔众庶,悉听朕言。非台小子敢行称乱!有夏多罪,天命殛之。今尔有众,汝曰:'我后不恤我众,舍我穑事,而割正夏?'予惟闻汝众言,夏氏有罪,予畏上帝,不敢不正。今汝其曰:'夏罪其如台?'夏王率遏众力,率割夏邑。有众率怠弗协,曰:'时日曷丧?予及汝皆亡。'夏德若兹,今朕必往。"

"尔尚辅予一人,致天之罚,予其大赉汝!尔无不信,朕不食言。尔不从誓言,予则孥戮汝,罔有攸赦。"

译文:

商汤说:"来吧,诸位,你们都要听我的话,不是我年轻人大胆发动战争,是因为夏王犯了许多罪行,所以,上天才命令我前去讨伐它!现在,你们大家常说:'我们的国王太不体贴我们了,把我们种庄稼的事儿都舍弃了,却去征讨夏王。'我听到了你们说的这些话,但夏桀犯了许多罪行,我怕上帝发怒,不敢不讨伐夏国!现在你们对我说:'夏桀的罪行究竟怎么样呢?'夏桀一直要人民负担沉重的劳役,人民的力量都用完了,他还在残酷地剥削压迫人民,人民对夏桀的统治非常不满,大家都急于奉上,甚至说:'夏桀这个太阳什么时候灭亡呢?我要与你一起去死!'夏桀的德行已经坏到这种程度,现在我下决心要去讨伐他!"

"你们只要辅助我,奉行上天的命令讨伐夏国,我就要加倍地赏赐你们。你们不要不相信,我是决不会失信的!假若你们不听从我的话,我就要惩罚你们,让你们当奴隶,决不宽恕!"

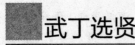
武丁选贤

◎列德而尚贤，虽在农与工肆之人，有能择举之。——墨子

武丁（？—前1192年），姓子，名昭，是商朝第23位国王，庙号为高宗。他是商王盘庚的侄子，父亲是商王小乙。年幼时，武丁曾在外行役，与"小人"一起劳作，因而较了解"稼穑之艰难"。武丁在位时期，曾攻打鬼方，并任用贤臣傅说为相，妻子妇好为将军，商朝再度强盛，史称"武丁中兴"。

武丁是商朝的第23位国王。他从小就被父亲放到平民中生活，与平民的孩子一起干活、玩耍，学会了许多农活，养成了勤劳简朴的生活习惯。

有一个叫傅说的奴隶，特别能吃苦耐劳，聪明而又学识渊博，经常给奴隶们讲各种知识和道理，博得了大家的喜爱。傅说比武丁大20多岁，他见武丁没有一点贵族的架子，待人和气有礼，就非常喜欢他，把自己知道的事都讲给武丁，使武丁的视野更加开阔。所以在武丁的眼里，傅说一直是一个良师益友。

后来，武丁做了商王，他一心想成为一个贤明的君主，便放心大胆地让大臣们处理朝政，不专权，不武断，潜心钻研治国的良策。他深知用人的重要，于是就多方物色贤人。

这天，他忽然想到傅说。他从小就很敬佩傅说的才能，如果现在能将他召进宫来，他一定会发挥自己的聪明才智，报效国家。但又一想，他毕竟是个奴隶，要是让他做大臣，王公贵族和现在的大臣们一定不会同意的，怎么办呢？他冥思苦想，拿定了一个好主意。

第二天，他一觉醒来，兴致勃勃地叫来仆人，说："先王刚刚托梦于我，说有个叫傅说的人可以做我的宰相，帮我治理朝政。商朝的兴盛指日可待了，你们快去给我召集大臣来。"

大臣们不敢怠慢，纷纷到来。在当时，人们特别相信占卜和征兆之术，认为武丁的这个梦是上天的旨意，所以就绝对地相信。大臣们问："大王，傅说是什么模样，请您描述一下，以便我们画成图去寻找，否则天下这么大，如何找得到？"

武丁见臣下问，就装出回忆的样子，然后说："此人好像身着布衣，40多岁，中等身材，肩宽体阔，浓眉大眼，皮肤略黑。"

大臣们开始按武丁说的去四处查找。他们根本就没想到傅说会是奴隶，开始只在贵族中寻找。有的奸臣则将自己的亲信推荐给武丁，想从中捞取好处。武丁将来人一一端详一番，见他们一个个锦衣绣袍，肤色白嫩，根本就不像傅说那样是在室外干活的人。武丁生气地训斥了大臣一番："傅说本是身着布衣，你们不到百姓中去找，反而欺骗本王，这不是有违天命吗？再若如此就罪加三等！"

大臣们见君王动怒，就都不敢再冒名顶替，只好派特使到处打听，张贴傅说的画像。特使们几乎走遍了全国各地，最后终于在傅岩这地方找到了正在做苦工的傅说。特使躬身施礼道："小臣尊大王之旨，前来寻找大贤人，请随我回京听命。"

傅说早已得知武丁做了国君，但他知道自己是奴隶，根本不敢奢望能见到国君，更不敢想会得到国君的重用。国君有命，他只好坐着特使们的车子来到都城。

武丁见来的果然是自己敬佩已久的老朋友，心花怒放，但他还不敢表露出来，只是连连点头说："嗯，这正是先王在我梦中推荐的大贤人。快快请他去沐浴更衣。"等傅说换上官服后，武丁请他进入内殿，两人畅叙离别之情。傅说谈了许多治国的方略，令武丁十分钦佩。

第二天，武丁召集各方大臣，宣布解除傅说的奴隶身份，任命他为相国。然后举行了盛大的宴会，为得到这位大贤人庆贺。

此后，傅说殚精竭虑、鞠躬尽瘁地为国操劳，仅仅三年的时间，就使商朝国富民强，盗贼绝迹，外族臣服。

◎故事感悟

武丁从小生活于民众之中，所以才有机会结识民间的智谋贤才之士。登上王位后，他以极巧妙的方式寻访、重用了傅说。他用心血为国家选拔了栋梁之才，赢得了国家的兴盛。

◎史海撷英

杰出女性妇好

商朝的武丁通过一系列的战争将商朝的版图扩大了数倍，而为武丁带兵东征西讨的大将就是他的王后妇好。

据甲骨文记载，有一年的夏天，北方边境发生战争，双方相持不下，妇好便自告奋勇，要求亲自率兵前往。武丁犹豫不决，占卜后才决定派妇好起兵，结果大获全胜。从此以后，武丁便让妇好担任统帅。妇好东征西讨，打败了周围的20多个方国。根据记载，妇好攻打羌方的时候，一次带兵的人数就有1.3万之多。也就是说，差不多全国一半以上的军队都由妇好统领。

妇好不但善于带兵打仗，还是国家的主要祭司，经常受命主持祭天、祭先祖等各类祭典，又任占卜之官。商朝是个迷信鬼神的国家，所谓"国之大事，在祀与戎"。妇好又会打仗，又掌握了祭祀与占卜的权力，可见她当时的确是一位杰出的女性。

◎文苑拾萃

甲骨文

甲骨文主要指殷墟甲骨文，又称"殷墟文字"、"殷契"，是殷商时期刻在龟甲兽骨上的文字，也是我国已发现的古代文字中时代最早、体系较为完整的文字。

19 世纪末，考古学家在殷代都城遗址（今河南安阳小屯）发现了甲骨文。甲骨文继承了陶文的造字方法，是我国商代后期（公元前 14 世纪—前 11 世纪）王室用于占卜记事而刻（或写）在龟甲和兽骨上的文字。殷商灭亡周朝兴起之后，甲骨文依然延续使用了一段时期。

目前所发现的甲骨文有大约 15 万片甲骨，4500 多个单字。这些甲骨文所记载的内容极为丰富，涉及商代社会生活的方方面面，不仅包括政治、军事、文化、社会习俗等内容，还涉及天文、历法、医药等科学技术，是研究中国古代尤其是商代社会历史、文化、语言文字等极其珍贵的第一手资料。

从已识别的约 1500 个甲骨文单字来看，甲骨文已具备了"象形、会意、形声、指事、转注、假借"的造字方法，展现了中国文字的独特魅力。

文王访贤得姜尚

◎得十良马，不若得一伯乐；得十良剑，不若得一欧冶；得地千里，不若得一圣人。——《吕氏春秋》

姜尚（约公元前1128—前1015年），商末周初人，字子牙，吕氏，世称"姜太公"。据《史记》记载，姜太公为东海上（今安徽临泉县姜寨镇）人。据说其祖先在舜时为"四岳"之一，曾帮助大禹治水立过功，被封在吕，姜为其族姓。姜太公是周武王克商的首席谋士、最高军事统帅与西周的开国元勋、齐国的缔造者、齐文化的创始人，亦是中国古代一位影响久远的杰出的韬略家、军事家与政治家，历代典籍都公认他的历史地位，儒、道、法、兵、纵横诸家皆追他为本家人物，他被尊为"百家宗师"。

商朝末年，渭水流域兴起了一个国号为周的强国。周的祖先姓姬，历史很悠久，据说他们的远祖后稷在尧的时候担任农师，以后世世代代承袭这个职务，管理农业方面的事情。

夏朝末年，政治腐败，农业衰落，周的祖先就西迁到现在的甘肃东部和陕西西部一带，自己组成了部落。商朝后期，周族遭受西北方的戎族和狄族的侵扰，周族的首领古公亶父率领族人从岐山北边迁到岐山南边的周原上居住，并且在那里建筑城郭宫室，开垦荒地，设置官吏。大概从那时候起，周族逐渐形成了奴隶制国家。古公亶父的儿子季历在位时，周的势力强大起来。商王文丁感到周的威胁，就杀害了季历。

季历死后，他的儿子姬昌继位，就是有名的周文王。因为祖先做过农师，周文王也十分重视农业。他待人宽厚，对老年人很尊敬，对小孩子也很爱护，所以老百姓都很拥护他。周文王特别敬重有本领的人，请他们帮助自己治理国家，因此许多有本领的人纷纷来投奔他。

商纣王看到周的势力越来越强，非常害怕，就找个理由将周文王找来，囚禁在羑里（今河南省汤阴县西北）。周文王的臣子为了搭救文王，搜罗了美女、好马和珍宝献给纣王，并买通商朝的大臣，请他在纣王面前求情。纣王贪财好色，得到礼物和美女后，听了大臣的话，就把文王给放了。

周文王获得自由后，便决心治理好自己的国家，寻找机会推翻商朝，以报仇雪耻。他看到自己手下虽然有不少文臣武将，可是还缺少一个能够统筹全局的人，帮他筹划灭商大计，因此，他经常留心寻访这样的大贤人。

有一次，周文王外出打猎，在渭水的支流磻溪边上遇见了一位钓鱼的老人。老人须发斑白，看去有七八十岁了。奇怪的是他一边钓鱼，一边不断地念叨："快上钩呀快上钩！愿意上钩的快来上钩！"再一看，老人钓鱼的鱼钩离水面有三尺高，并且是直的，不是弯的，上面也没有钓饵。文王看了很纳闷，就过去和老人攀谈起来。

这老人姓姜名尚，字子牙，是远古时代炎帝的后代。他曾在商朝的首都朝歌（今河南省汤阴县）宰过牛，在黄河边上的孟津卖过酒。他不会做买卖，亏了本，所以到渭水边上来钓鱼，其实是在等待贤明的君主来寻访他。

周文王在和姜尚的谈话中，发现他是一个眼光远大、学问渊博的人。他上通天文，下知地理，对政治、军事各方面都很有研究，特别是对当时的政治形势分析得头头是道。他认为商朝的天下不会很长久了，应当由贤明的领袖出来推翻它，建立一个新的朝廷，让老百姓都能过上好日子。

姜尚的话句句都说到了文王心里。他本来就是为了推翻商朝而寻访大贤人，这眼前的姜尚不就是自己要寻访的大贤人吗？文王恳切地对姜尚说："我盼望您很久了，请您到我们那里去，帮助治理国家吧！"说完，就叫手下人赶过车子来，邀请姜尚和自己一同上车，回到都城里去。

姜尚到了文王那里，先被立为国师，也就是最大的武官；后来升为国相，总管全国的政治和军事。周文王的父亲太公季历在世的时候，就已经盼望着姜尚这样的贤人了，所以人们尊称姜尚为"太公望"。后来人们干脆把"太公

望"的"望"字省略掉，把姜尚叫做姜太公。

姜太公果然是个栋梁之才。他做了周文王的国相，帮助周文王整顿政治和军事，对内发展生产，使人民安居乐业；对外征服各部族，开拓疆土，削弱商朝的力量。周文王在姜尚的辅佐下，先后打败了犬戎、密须等部族，征服了耆、邘等小国，吞并了从属于商朝的崇国，在崇国的地盘上营建了一个丰城，把都城从岐山南边的周原迁到了丰城。到周文王晚年的时候，周的疆土大大扩充，西边收复了周族的老家，即现在陕西、甘肃一带地方，东北进展到现在山西的黎城附近，东边到达现在河南沁阳一带，逼近了纣王的都城朝歌，南边把势力扩充到了长江、汉水、汝水流域。据说周文王已经控制了当时天下的三分之二，为灭商奠定了坚实的基础。

然而，周文王还没有实现灭亡商朝的愿望就去世了，他的儿子姬发继承了王位，是为周武王。周武王继承父亲的遗志，尊称姜尚为师尚父。在师尚父的辅佐下，武王终于打败了没落的殷商。残暴的商纣王自焚而死，一个新的时代来临了。

◎故事感悟

国家的兴盛、社会的进步需要杰出的人才。而对于个人来说，也只有将自己的聪明才智运用在兴国安邦的伟大事业中，人生才更有意义。在这个故事中，文王一心访贤，谦虚开明，姜尚知无不言，为国尽忠，他们共同开创了周朝辉煌的历史。我们每一个人都应从故事中受到教益，明白应该怎样做人，怎样做事。

◎史海撷英

牧野之战

商周时期，周武王在姜尚等人的辅佐下，率军队直捣商都朝歌（今河南淇县），在牧野（今淇县以南卫河以北地区）大败商军，消灭了商朝。这次战役就是历史著名的牧野之战。

公元前1046年（一说前1057年）正月，周武王统率兵车300乘，虎贲3000人，甲士4.5万人，会同其他反商力量，浩浩荡荡地东进伐商。商纣王闻讯后，仓促部署防御，武装大批奴隶，开赴牧野迎战周师。然而，商军中的奴隶和战俘都心向武王，因此纷纷起义，"皆倒兵以战，以开武王"。武王乘势以"大卒（主力）冲驰帝纣师"，大败敌军。纣王见大势尽去，于当天晚上仓惶逃回朝歌，登上鹿台自焚而死。周军遂攻占朝歌，商朝灭亡。

◎文苑拾萃

姜太公祠

姜太公祠位于山东省临淄永流镇张家庄的太公衣冠冢北侧。公元前11世纪，姜太公被封于齐，为齐国的第一代国君。他在任期间，"通商工之业，便渔盐之利，人民多归齐，齐为大国。"姜太公死后葬于周，齐人思其德，葬衣冠于此。衣冠冢墓高28米，南北长50米，东西宽55米。1993年，临淄区在太公衣冠冢北侧建姜太公祠，主殿为歇山式挂廊配殿，各三楹，现为名人书画展厅。

进门所见的"姜太公祠"四个大字，是我国著名书法家、全国宗教协会会长赵朴初老先生题写的，大门的两侧有两座威武的大将雕像，即青龙、白虎两位星君。

周公吐哺，天下归心

◎人身之所重者元气，国家之所重者人才。——格言

> 周公（生卒年不详），姓姬，名旦，亦称叔旦，周文王的第四子，周武王的同母弟，因采邑在周，称为周公。周公是西周时期的政治家、军事家、思想家，被尊为"元圣"。相传他制礼作乐，建立典章制度。其言论见于《尚书》诸篇，被尊为儒学奠基人，是孔子最崇敬的古代圣人，《论语》曾记载："子曰：'甚矣吾衰也！久矣吾不复梦见周公。'"

"周公吐哺，天下归心。"曹操《短歌行》里的这两句话表达了他对周公这位古代圣贤的景仰。

周公在少年时代就以仁孝闻名，上上下下都很喜欢他。文王死后，武王继位，周公辅佐武王灭了商朝，建立了周朝。

武王登上王位之后，为了加强对全国的统治，进行了大规模的分封，把同姓贵族、异姓贵族以及商的后裔分封为大小不同的诸侯。周公受封在鲁（今山东西南），都城在曲阜，但武王仍需周公在身边辅政，因此周公的儿子伯禽便代替父亲为鲁君，而周公则留在武王身边帮助武王治理国家。

周公深知父亲文王、胞兄武王礼贤下士的美德，所以在辅佐武王时，十分谦虚恭谨，礼遇贤士。

武王在灭商后的第二年就病死了。武王的儿子诵继位，是为成王。当时成王年龄小，尚不能独立执政，加上周朝刚刚平定了天下，周公恐怕诸侯叛乱，就代成王摄理国事，主持政务。

周公执政真可谓竭尽忠诚，鞠躬尽瘁。天下初定，百废待兴，该做的事情非常多；再加上周公礼贤的美名早已远播，所以大家有什么事都来找周公。有反映问题的，有出谋划策的，上至大臣，下至百姓，络绎不绝。周公府前常常是车水马龙，门庭若市。而周公呢，不管多么忙，对来访者从不怠慢。无论是正在休息，还是正在吃饭，他都马上接待。

一天，他要洗头发，刚把头发放到水里，就有近侍报告："外面有客人求见，说是来反映诸侯国的情况。"

周公急忙说："快快有请，我马上就来。"于是他把头发从水中提起来，擦了擦就盘到头上去迎接客人。客人向他介绍了东方诸侯国的政治、经济、文化等各方面的情况，为周公治理诸侯国提供了可靠的信息。

周公送走了客人就立即将一些重要的情况记录下来，记完以后才想起头发还没洗完呢，于是又重新把头发解开放到水里。刚洗了一会儿，又听到仆人来报："又有人求见，说是有关于治国的建议，您见不见？"

周公毫不犹豫地说："见！见！有请！有请！"他又把头发提起来，擦了擦水，去见客人。来人向周公阐述了音乐在移风易俗方面的作用，建议广泛搜集各地民歌，以了解民情，发展文化，使周公深受启发。在和客人的交谈中，头发上的水珠不断地流到他的脸颊上，他不时用手去擦。客人见周公如此繁忙，也不忍心长谈，几次提出告辞，可周公硬是叫他将想说的话都说完，才送客人离去。

因为天气寒冷，没擦干的湿头发一会儿工夫就变得冰凉，周公这才想起头发还没洗完，就又去洗头。不多时，又听仆人报告："有一个说是从发洪水的地方远道而来的客人求见，正在客厅等候。"

周公就这样再一次中断洗头，来听取客人的意见。

与洗发中断三次相类似的还有"一饭三吐哺"的故事。

周公很少能按时吃顿饭。有一次，他正在吃饭，刚刚吃上几口，就有仆人报告："有个从西戎来的人说有要事求见。"

周公连忙将刚放到嘴里的肉吐回碗里，匆匆地去见客人。两人交谈了好长时间，等到客人走后，周公才觉得自己的肚子咕咕地叫。等回到饭桌前，

饭菜都已凉透了。仆人们只好为他重新加热一遍。

"又有客人在外面恭候。"仆人又来报告。周公只好又吐出刚放进嘴里的肉块去见来人。就这样，他一顿饭也要被多次打断。饭菜反复加热，原有的香味也荡然无存了。有时他对谈论的话题着了迷，还会忘记了吃饭。

周公广开言路，采纳了许多好建议，尽心尽力辅佐成王。不仅如此，他还告诫自己的儿子，在鲁国要谨慎从政，不要以为自己是国君，就轻视下面的人。

后来，周公的弟弟管叔和蔡叔怀疑他别有所图，便会同纣王的儿子武庚作乱，背叛了周室。周公奉成王之命讨伐他们，诛杀了武庚、管叔，并放逐了蔡叔，并灭掉了随同叛乱的东方诸国。

周公代行王权七年之后，成王已能独立执政，周公便把政权交给了成王。之后，他便以大臣的身份，和普通大臣一样出入朝中，从不居功自傲。

周公成了历代贤相的楷模，对后世影响很大。

◎故事感悟

周公虽为王公贵戚、国家重臣，但他并不居功自傲。为了国家的兴盛和长治久安，他殚精竭虑为国操劳，尊重一切贤能之士，广泛听取他们的意见，终于换来了周朝的兴盛，他本人也备受后人敬仰。

◎史海撷英

周公教子

周公虽总揽朝政，地位尊贵，但他从不居功自傲。有一次，他对将要袭其爵到鲁国封地居住的儿子伯禽说："我是文王之子、武王之弟、成王之叔父，论身份地位，在国中是很高的了。但是我时刻注意勤奋俭朴，谦诚待士，唯恐失去天下的贤人。你到鲁国去，千万不要骄狂无忌。"

秦昭王诚心求贤

◎试玉要烧三日满，辨才须待七年期。——白居易

> 秦昭王（公元前325—前251年），战国时秦国国君，又称秦昭襄王。秦昭王嬴姓，名则，一名稷，是秦惠文王之子，秦武王之异母弟，公元前306年至前251年在位。秦昭王手下名臣有张仪、白起等。在位时，秦国继续扩张。最著名的决定秦赵两国命运的长平之战，就是秦昭王在位晚期发生的，使秦国奠定了未来一统天下的基础。

战国时代，秦国秦昭王即位时年幼，他的母亲宣太后等人执政。秦昭王长大成人了，这几个人还不肯放弃手中的权力，继续把持朝政。秦昭王不能容忍大权旁落，他求贤若渴，希望找到可靠的人才来辅佐自己。

范雎是魏国人，在魏国大夫须贾手下当僚属。有一次，范雎随须贾出使齐国。齐王拒绝接见须贾，见范雎有辩才，就赐给他一些礼物。须贾怀疑范雎出卖了魏国的情报，里通外国，就报告了宰相魏齐。魏齐让手下人鞭打范雎，范雎被打断了肋骨，打掉了牙齿，他佯装已死，逃了出去，改名为张禄。

这时，正好秦昭王派一个名叫王稽的心腹到魏国来招纳贤士，见到范雎后，约定一同西行到秦国去。

王稽到了秦国，向秦昭王报告，说有一位贤士声称："秦王之国危如累卵。"秦昭王以为又是不学无术、危言耸听的辩士，就让人安排范雎住进普通客房，供应粗劣的饭菜。

范雎写了一封信给秦昭王，要求面见，并表示："若一语无效，甘受斧钺之刑。"秦昭王立即让王稽派专车去接范雎。

范雎进了离宫，一直往里闯，被宦者拦住。恰好这时秦昭王也到了这里，宫中的宦者高声喝道："大王驾到。"范雎故意说："秦国哪有什么大王？秦国只有太后和穰侯。"秦昭王听范雎一句话点到痛处，马上恭谨有礼地说："我太糊涂了，怠慢了先生。"

原来穰侯名叫魏冉，是宣太后的同母异父弟。他主持了秦昭王的登基仪式，很有权势。他的封地在定陶，比秦王还富，一心扩大自己的地盘，置秦国的利益于不顾。

秦昭王屏退左右，只留范雎一人，相对而坐。秦昭王欠起身子问范雎："先生有什么高见赐教寡人？"范雎只是"嗯！嗯！"两声。秦昭王又欠起身子问范雎："先生有什么高见赐教寡人？"范雎还是不肯直言。秦昭王说："先生是不是总也不肯赐教寡人呢？"范雎说："微臣不敢。我是个外邦之臣，和大王没有深交。而我要说的又涉及纠正大王的过失，不知大王是否真心。大王上畏太后的威风，下惑于奸臣的蒙蔽。我的意见不被采纳，我被处死，倒不可怕，只怕大王身陷孤危，秦国宗庙倾覆。"秦昭王说："无论你说什么事，上及太后，下至大臣，都可以，请不要怀疑我的诚心。"

于是范雎指出："秦国闭关十五年，不敢出兵东方，是由于穰侯为秦谋而不忠，为扩大自己的地盘，越过韩魏而远攻齐国。打胜了，不能占领，让别人拣了便宜，这是把武器借给敌寇、把粮食送给强盗的愚蠢做法。不如远交近攻，先拿下韩魏两国。"

秦昭王采用范雎的策略，取得了巨大成功。

过了几年，范雎又向秦昭王指出宣太后、穰侯等人擅权的危害。秦昭王废了太后，驱逐穰侯、华阳君、高陵君、泾阳君到关外去，拜范雎为相。

◎故事感悟

秦昭王求贤若渴的一片诚心换来了治国安邦的制胜良策，秦国能称霸于诸侯，在战争中屡屡获胜是必然的事情了。由此可见得人才即得天下的道理真是千古不变啊！

◎史海撷英

秦削齐弱楚

春秋战国时期，齐国与秦国没有疆界关系，也没有直接的军事矛盾，但弱齐有利于秦的近攻策略的实行。昭王二十八年，秦改而奉行近交远攻打击强齐，利用东方各国的矛盾，参加了燕国发动的对齐战争。燕、赵、韩、魏、秦在济西击溃齐兵，攻克齐都临淄，齐国失陷了70多座城池，几乎亡国，致使齐国从此一蹶不振，给秦以后就近击破各个邻国创造了有利的条件。

远攻之后，秦再次转向近攻，于公元前280年前后分别从水陆两路大举伐楚。楚国大败，贵州、湖北大片国土沦为秦的占领区，就连首都郢也失守了，楚顷襄王仓皇逃窜，被迫迁都于陈。秦在新占领的楚国土地上建立了黔中郡和南郡，楚国势力由此转衰，秦国弱楚战略目的最终达到。

◎文苑拾萃

范雎

（宋）王安石

范雎相秦倾九州，一言立断魏齐头。

世间祸故不可忽，箦中死尸能报仇。

燕昭王金台求士

◎人才者，求之者愈出，置之则愈匮。——魏源

　　燕昭王（公元前335—前279年），战国时期燕国第39任君主，名职，燕王哙之子，太子平之弟，公元前308年至前279年在位。燕昭王本在韩国做人质，燕王哙死后，被立为王，后广招贤才，励精图治，国力大盛。

　　燕国有个大臣，叫子之，精明能干，办事果断，燕王哙挺信任他，叫他当了相国。谁知子之得寸进尺，野心勃勃，竟然想夺取燕哙的王位。他指使人对燕王说："尧舜为什么会成为有名的帝王呢？就因为他们不把王位传给子孙，而是'禅让'给贤人。大王已经建立了伟大的功业，如果再能把王位'禅让'给子之，那可真能光照千秋啊。"子之不过是让人试探一下。没想到燕哙听了这话，一心想博得尧舜的美名，真的把国家大权全部交给了子之。

　　子之大权在握，就倒行逆施，胡作非为起来，把个好端端的燕国搞得乱糟糟的。燕哙这时候已经成了傀儡，眼睁睁地看着国家衰败下去，后悔也来不及了。不久，燕国发生内乱，齐宣王乘机派兵打了进来，于公元前314年一举灭了燕国，子之、燕王哙都死在乱军之中。

　　齐国的军队在燕国烧杀抢劫，无恶不作，燕国的人民不愿做亡国奴，纷纷起来反抗。他们找到燕哙的儿子职，拥戴他为国君，这就是燕昭王。正好这时候，齐宣王死了，齐国的军队在燕国到处挨打，呆不下去，就退走了。

　　燕昭王看到国家遭到很大破坏，田园荒芜，民生凋敝，非常痛心。他即位后，吊唁那些作战而死的将士，慰问那些失去父亲的孩子。他还放下君王的架子，带着丰厚的聘金到燕国贤者郭隗家去求教："齐国乘我们内乱来袭击，攻城略地，害得燕国满目疮痍。我知道现在还不能马上报仇，但是我愿意招贤纳士，共同治理好国家，将来一雪先王之耻。您看我该怎样对待贤才呢？"

郭隗说："称帝的君主，和师傅交往；称王的君主，和朋友交往；称霸的君主，和臣下交往；亡国的君主，和仆役交往。卑躬屈节地尊敬贤人，拜贤人为师，这样做，胜过自己百倍的人才就会来；在贤人前边恭恭敬敬地带路，贤人坐下休息了，然后才落座，虚心请教，这样做，胜过自己十倍的人才就会来；让贤人在前面走，自己跟在后面走，这样做，与自己水平相似的人才就会来；胳膊倚在桌子上，手里拿着拐杖，斜眼看人，用手比比划划地支使人，这样做，仆役奴婢就会来；吹胡子瞪眼，举手就打，动脚就踹，张口就骂，这样做，囚徒罪犯才会来。这是自古以来尊敬贤士、招揽人才的法则。"

燕昭王问："那么我先登门拜谁为师合适呢？"

郭隗说："我听说古代有一位君王，想得到一匹千里马，悬赏一千两黄金，可是三年也没得到千里马。这时有一个在宫中做杂役的人对君王说：'我替您去寻求千里马。'于是他带着一千两黄金出去找千里马。三个月后，找到了一匹千里马，可是马已经死了。这个人就用五百两黄金买下了马头，回来向君王交差。君王大怒：'我让你买活马，你怎么花五百两黄金买回一匹死马的脑袋？'这个人说：'死马还用五百两黄金买下，何况活马呢？这回天下人一定会认为大王您舍得花钱买千里马了。等着吧，千里马就要来了。'不到一年，果然得到了三匹千里马。大王现在如果诚心诚意招揽贤士，就先从我郭隗开始吧！连郭隗这样的人都奉若上宾，何况比我贤明的人呢？他们肯定会不远千里来投奔大王的。"

于是燕昭王给郭隗修筑了一所豪华宅院，并拜他为师。又在都城外兴建一座高台，上面放着一千两黄金，专门用来接见贤才。

这件事一传开，天下贤士都汇集到燕国来了。齐国的邹衍是一位大学者，对阴阳地理很有研究。他到燕国来讲学的时候，燕昭王用双手抱着大扫帚，一步一步地后退，把道路扫干净，好让邹衍安安稳稳地迈步前行。邹衍讲学，燕昭王亲自坐在听课席上，与弟子们一同听讲。他又为邹衍修了一座碣石宫，让他住在宫中，燕昭王多次前去拜访请教。乐毅从魏国来，本来是为魏国出使燕国。燕昭王待如上宾，乐毅深受感动，愿为燕效力。后来，燕昭王听从乐毅的计谋，联合赵国、楚国、魏国，合谋伐齐，委任乐毅为上将军，长驱直入进攻齐国。乐毅率军接连攻克齐城70多座，并攻克了齐都临淄，齐国只剩下即墨和莒两地，燕昭王终于报了齐国乘乱袭燕这个仇。

◎故事感悟

燕昭王在危难中没有自暴自弃、不思进取，而是下决心兴国雪耻。他礼贤下士，听从郭隗建议，千金求士，终于招来众多的杰出人才，复兴了国家。这一事例再次告诉我们，人才是兴国之本。统治者只有爱才惜才，重用人才，才能天下大治。

◎史海撷英

乐毅辅佐燕昭王励精图治

乐毅是中山国人，本是魏国名将乐羊的后裔，后来他到赵国做了官。到赵武灵王死时，他又从赵国到了魏国。当燕昭王在燕国招贤时，他便利用魏国使者的身份进入燕国，并立即受到了燕昭王的重用。

乐毅也倾全力协助燕昭王进行内政改革和整顿军队。首先，针对燕国法度弛坏、官吏营私的严重局面，乐毅建议昭王制定法律，严厉法制，加强对官吏的审查和考核；其次，他又帮助昭王确定了察能而授官的用人原则，摈弃"亲亲"、"贵贵"的择人传统，廓清了奸臣子由当权时拉帮结党、滥用亲信的劣迹，使燕国的吏治日趋清明。此外，他还建议昭王对那些遵守国家法度的顺民，包括身份低下的贫民和一部分奴隶，都以一定的制度予以奖励，以此来安定社会秩序，使得燕国的社会秩序大有好转。

魏文侯拜贤求教

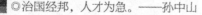

◎治国经邦，人才为急。——孙中山

> 魏文侯（？—前396年），姬姓，魏氏，名斯，一曰都，战国时期魏国的开创者。公元前445年，魏文侯继魏桓子即位。公元前403年，韩、赵、魏被周王与各国正式承认为诸侯国，成为封建国家。

春秋战国之际，著名政治家魏文侯建立了魏国。在当时，魏国是最强的国家，这同魏文侯的贤明是分不开的。魏文侯最大的长处是礼贤下士，知人善任。他器重和尊敬品德高尚而又具有才干的人，广泛搜罗人才，虚心听取他们的意见，善于发挥他们的作用，因此，许多贤士能人都到魏国来了。

有一次，他听说有一个叫段干木的马匹交易经纪人很有政治才干，但就是不喜欢做官。他觉得这样的人在民间不能发挥作用，对国家是个损失，于是他决心请段干木出来帮他治理国家。

一天，魏文侯带着两个随从，乘车去请段干木。离段干木的家还好远时，文侯就下了车。为了不惊扰贤士，他让随从们在院外等候，自己毕恭毕敬地走到段干木的门前，轻叩门环，自报家门。

谁知，段干木一听魏文侯要见自己，非常反感，心想，国君还不是故做姿态，沽名钓誉？不见也罢！于是段干木同家人打了个招呼，便从后门走开了。

魏文侯没想到，自己一片真情却遭到这样的冷遇，心中很生气。但转念一想，反觉得段干木不像有些人那样趋炎附势，不禁又生出几分敬意。以后每当魏文侯外出，路过段干木的住所时，总是垂首弯腰扶轼向段干木致敬。

日子一久，随从们感到非常奇怪，于是就问魏文侯："段干木只不过是一个普通的平民，您亲自去拜访他，就是对他最高的礼遇，他反而躲着不见您。您不怪罪他也就罢了，为什么还要向他致敬呢？"

文侯非常严肃地说："段干木是一个贤能、高尚的人，他有卓越的才能但不追逐名利，这样的人，我怎能不敬重呢？"

这些话后来传到了段干木的耳朵里，他很感动，心想，魏文侯和别的国君就是不一样，他来请自己确实是真心实意的，段干木不禁为自己错怪了魏文侯而自责。

过了一段时间，魏文侯又去求见。段干木很高兴地请魏文侯进屋。但当文侯提出要请他出任相国时，他一口拒绝了。文侯反复劝说，讲了好多道理，段干木还是不答应。魏文侯心想，凡事不能强求，他不愿做官，我来请教也就是了。

一天，魏文侯登门求教来了。他恭恭敬敬地向段干木请教治国良策，段干木也不客气，把自己的看法、想法全都讲了出来，从立国之本讲到为君之道，其见地鞭辟入里，魏文侯听得入了迷，毕恭毕敬地肃立在段干木面前，认真地体会其中的道理。

段干木越讲越带劲儿，竟然忘记了时间，从上午一直讲到夕阳西下。魏文侯在那里聚精会神地听着，一动也不敢动，他怕打断了段干木的思路，听不到金玉良言。

就这样，魏文侯诚心地拜段干木为师，经常登门求教，学到了很多治国安邦的道理。

魏文侯礼贤下士的事很快传开了，一些博学多能的人，如政治家翟璜、李悝，军事家吴起、乐羊等都先后来投奔魏文侯，帮助他治理国家。

当时，魏国已经建立了封建政权，但还存在不少奴隶制残余，这些东西严重阻碍着魏国的发展，魏文侯决心加以改革。他任李悝为相国，经常同他商讨国家大事，李悝也积极地提出许多建议。

有一天，魏文侯问李悝："怎样才能招募到更多有才能的人到魏国来？"

李悝没有回答，反问道："主公，您看过去传下来的世卿世禄制怎么样？"魏文侯说："弊病甚多，需要改革。可是如何改革呢？"李悝早就胸有成竹，不慌不忙地说："我们必须废除世卿世禄制。不管什么人，不管他是贵族还是平民，谁有本事有功劳，就给谁官做，给谁俸禄。有功的一定奖赏，有罪的一定处罚。对那些既无才能又无功劳而又作威作福的贵族，必须采取措施，取消他们的俸禄，用这些俸禄来招聘人才，这样，四面八方的能人贤士就会到魏国来了。"

魏文侯听了，十分高兴，叫李悝起草改革的法令，不久就在全国执行了。这项改革，剥夺了腐朽没落的奴隶主贵族的"世袭"特权，吸收了很多有用的人才。

接着，魏文侯又采纳了李悝的建议，在经济上进行了改革。李悝实行了"尽地力"的政策，就是积极兴修水利，改进耕作方法，以充分发挥土地的潜力，增加粮食产量。同时，李悝还创立了"平籴法"：丰收年景，市面上粮价便宜，为了不使农民吃亏，国家把粮食照平价买进；遇到荒年，市面上粮价昂贵，国家仍照平价把粮食卖出。这样，不管年成好坏，粮价一直是平稳的，人民生活比过去安定，国家的赋税收入也得到了增加。

魏文侯谦虚谨慎，礼贤下士，终于换来了国家的繁荣兴盛。

◎故事感悟

魏文侯为得到治国安邦之策，虚心向贤士求教，他的谦逊之德、爱才之心也最终为他赢得了无数的贤能之士。这正说明"敬人者，人恒敬之。"国君礼贤下士，必然会有众多的贤士忠心为国。

◎史海撷英

三家分晋

三家分晋是指春秋末年晋国被韩、赵、魏三家瓜分的事件。周威烈王二十三

年（公元前403年），周威烈王封三家为诸侯。司马光的编年体史书《资治通鉴》就是从这一事件开始的："周威烈王二十三年，初命晋大夫魏斯、赵籍、韩虔为诸侯。"公元前376年，韩、赵、魏三国废晋静公，将晋王室剩余的土地全部瓜分，因此韩、赵、魏三国又被合称为"三晋"。

三家分晋是历史上具有划时代意义的重大事件，它是中国奴隶社会瓦解、封建社会确定的标志。

◎文苑拾萃

魏文侯

（宋）徐钧

闻道西河久服从，陶成国治蔼文风。

政缘余泽沾洙泗，比似群侯故不同。

魏惠王礼贤得人心

◎人才乏于上，则有沉废伏匿在下，而不为当时所知
者矣。——王安石

魏惠王（公元前400—前319年），姬姓，魏氏，名罃（《战国策》作"婴"），魏武侯之子，魏国第三代国君，公元前369年至前319年在位。即位初，魏惠王以公孙痤为相，一度攻破秦孝公于栎阳，秦退回雍城。魏惠王六年（公元前364年），把都城从安邑（今山西夏县西北禹王村）迁至大梁（今河南开封东南），因此又被称为梁惠王。在位中期信任庞涓，军事实力大增，但在随后齐、魏之间发生的桂陵之战、马陵之战中，庞涓两度为齐军孙膑所败。庞涓死后，魏国彻底衰落。

　　魏国到了惠王时，国势一度衰弱，军事上也连连失利。魏惠王心里很着急，这到底是为什么呢？他进行了深刻的反省。他想到了在齐国的孙膑和在秦国的商鞅如今都显示出了非凡的才能，可他们先前都曾在魏国呆过，自己当时为什么就没有重用他们呢？魏惠王为人才的流失痛心、后悔不已。他决心广求贤士，重用人才，重振国威。

　　于是，魏国大臣们奔走于各国，用最谦卑的态度、最优厚的待遇，诚恳邀请天下贤才到魏国来，像邹衍、孟轲就是这样被请来的。

　　当时有个叫淳于髡的人在齐国做官，此人精通文韬武略，是个了不起的人才。魏惠王多次派人去请他，都没有请来。

　　"不管多么困难，都要把他请来，至少要请他来做客。"魏惠王命令道。

　　魏国的大臣们费尽了周折，淳于髡终于同意来做客，魏惠王非常高兴，立即设宴款待。魏惠王及大臣们殷勤劝酒，可淳于髡只是吃菜喝酒，并不说

话。魏惠王向他请教问题，他也只是嘻嘻哈哈，并不作正面回答。

饭后，魏惠王亲自送淳于髡先生到馆舍休息。回来的路上，魏惠王不免有点沉不住气，对大臣们说："你们好不容易把他请来，我本想好好向他请教，可他却不回答，怎么办呢？"

一位大臣说："大王别着急，您还记得吧，淳于髡先生以前是个隐士，曾两次求见大王，可巧两次都碰上您在接受礼物而怠慢了他，他肯定认为您不珍惜人才。虽然今天您把他请来做客，他对大王的心思并不十分了解。他是有意在考验您呢，看您是否真的求贤若渴。"

魏惠王这才恍然大悟。

第二天，魏惠王又把淳于髡先生请到府上，诚恳地道歉说："寡人曾两次失敬于先生，这真是寡人的大错啊！第一次您来，正赶上有人进献好马，第二次又遇上有人送来一名善于弹琴唱歌的乐工，当时我虽然接见了您，但心思都在马匹和乐工身上，没顾上向您讨教治理国家的方略。我把声色享乐看得比治国安邦还重要，我真糊涂啊！我冷淡了先生，请先生多多原谅！"

淳于髡见魏惠王态度诚恳谦恭，很受感动，觉得谈论治国之道的时机已经成熟，便坐下来与魏惠王倾心交谈起来。淳于髡对魏国的政治、军事等方面的情况作了极为中肯的分析，并讲述了治理国家的道理和方法。他们一直谈了三天三夜，魏惠王深受启发，一再对淳于髡先生表示谢意。

虽然淳于髡最终还是没有到魏国做官，但是魏惠王敬贤、礼贤、爱贤的名声却传了出去。后来，一些有才能的人纷纷慕名前去投奔。

◎故事感悟

作为一位历史人物，魏惠王自然也有缺点，曾因贪图享乐使贤士淳于髡寒心。但他从谏如流，知错能改，放下身架，诚心诚意向淳于髡致歉、求教，终于得到了治国良策，并招来了不少人才。这说明知错能改，虚心向贤士求教，就一定能获得真知，取得进步。

◎史海撷英

桂陵之战

公元前354年，魏惠王派大将庞涓率精兵8万进攻赵国，包围了赵国的都城邯郸（今河北邯郸）。赵国苦战了一年，眼看就要撑不住了，急忙向盟国齐国求救。于是，齐威王命田忌为主将，孙膑为军师，率兵8万去救援赵国。孙膑向田忌提出了"围魏救赵"的计划，田忌欣然接受。于是，齐军便向魏国国都大梁进军，切断了魏国军队的交通要道，攻击它防备空虚的地方。大梁是魏国的政治、经济、文化中心，魏军不得不以少数兵力驻守邯郸，将主力军调回大梁。这时，齐军在桂陵埋伏，迎击魏军。由于长期作战，魏军兵力消耗巨大，疲惫不堪，因此面对占有先机之利的齐军的偷袭顿时陷入了被动挨打的困境，结果也遭受了一次严重的失败。这次战役，史称桂陵之战。

◎文苑拾萃

题淳于髡墓

（唐）刘禹锡

生为齐赘婿，死作楚先贤。
应以客卿葬，故临官道边。
寓言本多兴，放意能合权。
我有一石酒，置君坟树前。

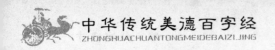

信陵君礼贤下士

◎古人相马不相皮，瘦马虽瘦骨法奇。——欧阳修

信陵君（？—前243年），姬姓，魏氏，名无忌，战国时代魏国人，是魏昭王的儿子，魏安釐王同父异母弟。信陵君是著名的政治家、军事家，官至魏国上将军，与赵国平原君赵胜、齐国孟尝君田文、楚国春申君黄歇合称为"战国四公子"。

战国时期的一天，在魏国王宫里，魏王正与弟弟信陵君下棋。魏王问弟弟："近来又收罗了多少门客？"信陵君告诉魏王："门客已有三千，近来听说都城大梁（今河南开封市）有个守城门的小吏侯嬴颇有能耐，我正想登门拜访。"听了信陵君的话，魏王暗自发笑，连个守门小吏也当门客？

这时，忽然有个士卒进来报告说赵国出兵来犯，马上就要侵入国境了。魏王闻讯脸色骤变，手上的棋子掉入棋盘，急忙吩咐："快去召集大臣们过来商量对策！"士卒刚要起身，信陵君一边看着棋盘，一边用手制止道："慢！大王，这是赵王在打猎，我的门人已探到确切消息，您尽可放心下棋！"

开始魏王有所怀疑，后来又有一个士卒进宫报告，证实了信陵君说得不错。魏王这才松了口气，至此他确信信陵君的门下真有能人。

守门小吏侯嬴的寒舍里，70多岁的侯嬴正在与人闲聊，忽听门外有马车到来。他抬头朝窗外望去，发现是信陵君的马车，忙穿上鞋迎出门。

信陵君走下马车，他看见拱手俯首的侯嬴，忙迎上前道："贤士免礼！"侯嬴疑惑地看着笑容满面的信陵君，不明白他为何光临自己的寒舍。信陵君见侯嬴不起，亦单膝下跪："贤士不起，公子赔罪！"侯嬴忙起身扶起他道：

"公子折杀老夫了！"

信陵君吩咐士卒搬下一匹匹绫罗绸缎往屋里送，侯嬴忙上前阻止，坚决不肯接受。信陵君见侯嬴不肯收下，笑道："贤士拒不受此薄礼，我也不勉强了，改日请贤士府上小酌如何？"侯嬴答应了。望着渐渐远去的豪华马车，侯嬴感叹道："求万贯家财不易，求一知己者更难啊！"

一日，信陵君府上热闹非凡，公子兴致勃勃地拱手笑迎前来的各位嘉宾。待客人们坐定后，信陵君发现离自己最近的座位空着，他忙招呼管家："侯嬴未到，派人请过没有？"管家说："请过了，侯嬴推说没空。"信陵君吩咐备车，他亲自去请。

信陵君到侯嬴家门前后，侯嬴笑着走出家门，稍稍整理一下自己那破旧的衣帽，说："让公子亲自来请，老夫惭愧啊！"话虽这样说，但他竟毫不谦让地上车坐下。

信陵君十分恭敬地拉着缰绳，待侯嬴坐定后问："贤士还有别的事情吗？"侯嬴毫不客气地说："老夫有个朋友朱亥在屠宰坊，希望委屈您的马车路过那里，让老夫拜访他一下。"

到了屠宰坊，侯嬴竟让公子坐在马车上在门外候着，他把朱亥叫了出来，两个人就滔滔不绝地谈了起来。交谈中侯嬴不时用眼睛的余光窥探着信陵君。这时信陵君正和随从们站在马车旁边，等着侯嬴。侯嬴和朱亥聊了好长时间，随从们都暗地里骂侯嬴不识抬举。侯嬴见信陵君一直恭敬地站在那里，脸上毫无怨色，这才辞别了朱亥，重新上车，来到宴会上。宾客满盈的宴会上，管家不停地向各位打招呼，说信陵君快来了。有将士颇为不满，认为区区一个守门小吏，竟也如此劳驾信陵君？众人正在议论时，信陵君回来了。

信陵君微笑着向各位宾客们抱拳施礼。信陵君请侯嬴坐到上座，并向众宾客介绍说："这位是我们中年纪最长、德行最高的人。今天我特地为他摆酒设宴，以表我对他的敬意！"说完亲自为侯嬴斟酒。侯嬴一改刚才傲慢的神态，起身举杯十分恭敬地说："我今天的所作所为是有些过分和无礼，但我这一切都是为了公子您。我只是一个小小的守门人，在宾客都已到齐的时候，在大庭广众面前，按公子的身份是不应该去亲自迎接我的，而我又故意让您在街头长时间地等候，我这是为了保全您的名声，让人们都认为我是个不识抬举的小人，而您却是礼贤下士的真正君子，这正是我的用心。"说完与信陵君碰杯，仰脖一饮而尽。

从此以后，侯嬴成了信陵君的座上客，信陵君有事总是先请教侯嬴，侯嬴也是尽心竭力地为公子着想，为他出谋划策。

不久，秦赵两国发生了战争，秦军直逼赵都邯郸城下。赵国与魏国是姻亲，在赵国的请求下，魏王派将军晋鄙率十万大军前去解围。秦王写了一封信给魏王，威胁道："诸侯国中有敢来救赵国的，寡人平定赵国后一定先移兵攻打它！"

魏王见信脸色骤变，汗如雨下，立刻派人叫晋将军停止前进！

眼看赵国危在旦夕，信陵君一筹莫展，便决心以死相拼，率领几十辆战车出发了。路过侯嬴家时，信陵君与侯嬴道别，谁知侯嬴在这生离死别当口态度冰冷。信陵君觉得蹊跷，走了一段又折回想问个究竟。

信陵君回来时，早就等候在路边的侯嬴说："我料定公子会回来的！"气喘吁吁的信陵君不解地问："贤士何以见得？"侯嬴解释道："公子仁义待士，天下闻名。今日您下了与秦军决一死战的决心，区区几十辆战车就好比拿肉去喂虎，早知如此，当初又何必厚养天下贤士能人呢？公子厚待我，临别时我却冷淡公子，与理不通，与情不合，所以公子定会回来问个明白！"

信陵君听后顿悟，走下战车向侯嬴深深一拜："知我者莫如贤士，救我者只有贤士也！"侯嬴于是献上一计："要想调动晋鄙的十万大军，必须得有兵符。兵符就放在魏王的寝宫内，可以让最受魏王宠爱的如姬偷来。"信陵君问："这种掉脑袋的事如姬肯干吗？"侯嬴提醒说："公子忘了？当初如姬的父亲被人杀了，魏王三年未找到仇人，还不是公子替如姬报了仇吗？此事她一定肯做。"

信陵君通过如姬果然拿到了兵符，他再次与侯嬴道别。侯嬴问公子："将在外，君命有所不受。万一晋鄙不肯交出兵权，您打算怎么办？"信陵君一愣，答不出来。

侯嬴回头招呼朱亥出来见公子。侯嬴说："晋鄙能痛快交出兵权最好，否则就让朱亥用铁槌去对付他。"

信陵君率几十辆战车驶进晋鄙军营，拿出兵符，要取代晋鄙的军权。晋鄙迟疑不肯交权，站在信陵君身后的朱亥立刻上前，用袖子中藏的铁锤将他击死。

信陵君指挥魏军急赴赵国，与赵军联合抗击秦军，秦军大败，赵国保住了。

◎故事感悟

信陵君的礼贤下士在历史上极为有名。只要是有才能的人，不论对方地位如何卑下，他都能恭敬相待。正因为如此，他的门下聚集了无数智勇之士。在"窃符救赵"这一事件中，侯嬴的运筹帷幄、朱亥的力大神勇都起了关键作用。信陵君的故事充分说明了不拘一格选贤任能的重要意义。

◎史海撷英

信陵君大败秦军

信陵君"窃符救赵"后，滞留在赵国十年。公元前247年，恢复了元气的秦国开始大举进攻魏国，魏安釐王为此焦虑不安，便派使者去赵国请信陵君回国。

在毛公和薛公的劝谕下，起初犹豫不决的信陵君最终决定回到魏国。信陵君和魏安釐王兄弟两人十年未见，重逢时不禁相对落泪。魏安釐王任命信陵君为上将军，成为魏国军队的最高统帅。不久后，信陵君便派使者向各个诸侯国求援，各国得知信陵君担任上将军，都纷纷表示愿意派兵救魏。最终，信陵君率领五个诸侯国的联军在黄河以南大败秦军，秦国将领蒙骜战败而逃。联军乘胜攻至函谷关，秦军紧闭关门，不敢再出关迎战。

◎文苑拾萃

信陵君

（宋）徐钧

侯朱决计全危赵，毛薛谋归保大梁。

得士信知明效速，去留果是国存亡。

孟尝君尚贤得奇士

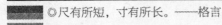

◎尺有所短，寸有所长。——格言

　　冯谖（生卒年不详），战国时齐人，齐国贵族孟尝君门下的食客之一，为战国时期一位高瞻远瞩、颇具深远眼光的战略家。孟尝君以"好客养士"、"好善乐施"而名闻天下，他对待门客，不惜"舍业厚遇之"，因而"倾天下之士"，门下食客达3000余人，冯谖是其中的佼佼者。

　　齐国的孟尝君以"好客养士"、"好善乐施"而名闻天下，他对待自己的门客不惜"舍业厚遇之"，因而"倾天下之士"，门下的食客达3000余人。当时，冯谖因为穷困潦倒，无以维持生计，就托人请求孟尝君，表示愿意到他的门下寄居为食客。孟尝君问他有什么爱好，他回答说没有什么爱好；又问他有什么才能，回答说也没有什么才能。孟尝君听了后笑了笑，但还是接受了他。

　　孟尝君旁边的人看到孟尝君不重视冯谖，也不给他好的饭菜，只供给他粗劣的饭菜。按照孟尝君的待客惯例，门客按能力可分为三等：上客吃饭有鱼，外出乘车；中客吃饭有鱼，外出无车；下客饭菜粗劣，外出自便。

　　一段时间后，冯谖倚着柱子弹着自己的剑，唱道："长剑呀，我们回去吧，没有鱼吃。"要求改善对自己的待遇。左右的人把这事告诉了孟尝君，孟尝君说："给他鱼吃！"

　　又过了一段时间，冯谖又弹着他的剑，唱道："长剑呀，我们回去吧，没有车子坐。"左右的人都取笑他，并把这件事告诉给孟尝君，孟尝君又说："给他准备马车！"于是冯谖乘坐他的车，高举着他的剑，去拜访他的朋友，十分高兴地说："孟尝君已经把我当门客了。"

此后不久，冯谖又弹着他的剑，唱道："长剑呀，我们回去吧，没有钱财养家。"此时，左右都开始厌恶冯谖了，认为他有些贪得无厌。而孟尝君听说这件事后，得知冯谖还有个老母亲，于是就派人供其衣食。这让冯谖深受感动，决心不再向孟尝君索取，而是一心一意地等待机会为孟尝君效力。

过了一年的时间，冯谖什么话也没再说。而此时，孟尝君正在做齐国的相国，在薛地被封万户食邑。由于门下养有3000多食客，封邑的收入不够奉养食客，于是派人到薛地放债收息以补不足。但是放债一年多了，还没收回息钱，门下食客的奉养将无着落。孟尝君于是想在食客中挑选一位能为他收取息钱的人。有人推荐冯谖，于是孟尝君请来冯谖，冯谖爽快地答应了。他备好车辆，整理行装，带着契约准备去薛邑收债。冯谖在辞别孟尝君时问道："收完债，买什么呢？"孟尝君曰："看我家缺什么就买什么。"

冯谖辞别了孟尝君，驱车到了薛地，派官吏召集应该还债的人，偿付息钱。结果得息钱10万，但尚有多数债户交纳不出。冯谖便用所得息钱置酒买牛，召集能够偿还息钱和不能偿还息钱的人都来验对债券。债户到齐后，冯谖一面劝大家饮酒，从旁观察债户贫富情况，一面让大家拿出债券如前次一样验对，凡有能力偿还息钱的，当场订立还期，对无力偿还息钱的，冯谖即收回债券。并假传孟尝君的命令，为无力还款的老百姓免去了债务，一把火烧了债券。冯谖说："孟尝君贷给大家钱，是为了让无钱的人家维持生计。取利息是为了养门客。能偿还的就确定还钱日期，还不起的我们就把债券烧了。大家尽管吃喝，以后可不要辜负孟尝君的一片仁心啊。"于是，"坐者皆起，再拜"，"民称万岁"。这样，冯谖就在薛地百姓中埋下了感恩于孟尝君的种子，换得民心，功德无量。

冯谖办完事后，立即赶了回来。孟尝君听到冯谖烧毁契据的消息，十分恼怒，责问他为什么要这样做。冯谖说："您有了个小小的薛邑，不把那里的百姓当做自己的子女一样加以抚爱，却用商贾手段向他们敛取利息，我认为不妥，就假托您的旨意，把债赏赐给那些无力偿还的百姓；把那些收不回钱的债券烧掉，让百姓知道您的仁德而拥护您，这就是我为您买的'义'呀！"孟尝君听后虽然心里不快，但也无可奈何，只得挥挥手说："算了吧，你！"

又过了一年，有人在齐湣王面前诋毁孟尝君，湣王便以"寡人不敢把先王的臣当做自己的臣"为借口罢掉了孟尝君的相位。孟尝君罢相后返回自己的封地，距离薛邑尚有百里，百姓们早已扶老携幼，在路旁迎接孟尝君。孟尝君此时方知冯谖焚券买义收德的用意，感慨地对冯谖说："我今天才知道先生为我买'义'的效果啊！"

出于孟尝君政治地位还不巩固的考虑，冯谖对孟尝君进言说"狡兔有三窟，仅得免其死耳"，并且说愿意"为君复凿二窟"。孟尝君便给他50辆车，500斤金去游说魏国。

冯谖西入大梁，对魏惠王说："齐国之所以能称雄于天下，都是孟尝君辅佐的功劳，今齐王听信谗言，把孟尝君放逐到诸侯国去了，孟尝君必然对齐王不满。孟尝君的治国谋略和才能是世人皆知的，先生若能接他来梁国，在他的辅佐下，定能国富而兵强。"惠王也久闻孟尝君的贤名，一听这话喜出望外，立即空出相位，让原来的相国做上将军，派出使节，以千斤黄金、百乘马车去聘孟尝君。魏国使者接连跑了三趟，可孟尝君坚决推辞不就。

齐王听到这个消息，君臣震恐，连忙派遣太傅带"黄金千斤、文车二驷、服剑、一封书"等物，非常隆重地向孟尝君谢罪，请孟尝君回到国都。冯谖劝孟尝君趁机索取先王的祭器，"立宗庙于薛"。等齐国的宗庙在薛地落成后，冯谖向孟尝君报告说："三窟已就，君姑高枕为乐矣。"

自从齐湣王罢免了孟尝君的相位后，门下食客多离他而去。孟尝君恢复相位后，冯谖策马前去迎接，其他门客都未到。孟尝君感慨地对冯谖说："自己一生好客，对待客人从来不敢有闪失，而他们见我被罢官却都离我而去了。今仰赖冯谖先生得以恢复相位，门客还有什么脸面再见我呢？我如果再见到他们，一定唾他们一脸，好好羞辱他们一番。"冯谖听了忙下马向孟尝君叩头，孟尝君急忙下马制止，问他是否是替其他的门客谢罪。冯谖说："不是，任何事物发展都有自身的规律，像有生命的东西一定会死亡一样，这是一种必然规律；富贵多士，贫贱寡友，这也是一种规律。赶集上市的人，清晨时都急急地赶往集市；但到日落时，人们就是经过集市，也只是甩着膀子走过去，看也不看一眼。他们不是爱好清晨，厌恶傍晚，而是因为傍晚时分希望得到的东西在那儿已经没有了。您失去相位，宾客自然都离去了，您不应该因此埋怨士人，希望孟尝君能够遇客如故。"

孟尝君非常感激冯谖的提醒，于是再次拜谢并接受了冯谖的建议，"敬从命矣，闻先生之言，敢不奉教焉"。

冯谖有超人的智慧，极具战略眼光。他抱着对孟尝君高度负责的态度，积极为孟尝君政治地位的稳定出谋划策。孟尝君做齐国相国的几十年时间里，"无纤介之祸"，这与冯谖的精心谋划分不开的。

◎故事感悟

孟尝君好士，冯谖感恩，尽心尽力为孟尝君出谋划策。冯谖所做的这些事看似匪夷所思，实则深谋远虑，这说明他对人情世故洞若观火，深明事理。他焚烧债券之举固然是为孟尝君收买人心，但也在一定程度上减轻了人民负担。这种为国为民的思想行为正是我们民族传统美德的再现。

◎史海撷英

鸡鸣狗盗

齐泯王二十五年（公元前299年），孟尝君到了秦国，不久后却被囚禁。孟尝君派人向秦昭王的宠妾求救，那个宠妾说："我希望得到孟尝君的白色狐皮裘。"孟尝君那件狐皮裘早已献给了昭王，他的一位善于偷东西的门客钻入了秦宫中的仓库，取出那件白色狐裘献给了这位宠妾。宠妾向昭王说情，昭王便释放了孟尝君。孟尝君获释后，立即逃离，夜半时分到了函谷关。昭王后悔放了他，派人追捕。按照法令，鸡叫时才能放来往客人出关。门客中有个人会学鸡叫，他一学鸡叫，附近的鸡随着一齐叫了起来，士兵就开关放人。出关后约摸一顿饭的工夫，秦国追兵果然到了函谷关，但已落在孟尝君的后面，就只好回去了。从那以后，

宾客们都很佩服孟尝君广招宾客、不分人等的做法。

◎文苑拾萃

读《孟尝君传》

(宋)王安石

世皆称孟尝君能得士，士以故归之；而卒赖其力以脱于虎豹之秦。嗟乎！孟尝君特鸡鸣狗盗之雄耳，岂足以言得士？不然，擅齐之强，得一士焉，宜可以南面而制秦，尚何取鸡鸣狗盗之力哉？夫鸡鸣狗盗之出其门，此士之所以不至也。

译文：世人都称道孟尝君能够招揽士人，有才能的人因为这个缘故归附他，而孟尝君终于依靠他们的力量，从像虎豹一样凶狠的秦国逃脱出来。唉！孟尝君只不过是一群鸡鸣狗盗之辈的头目罢了，哪里说得上得到了贤士？不是这样的话，孟尝君拥有齐国强大的国力，只要得到一个贤士，齐国应当可以依靠国力南面称王控制秦国，为何还用鸡鸣狗盗之徒的力量呢？鸡鸣狗盗之徒出入他的门庭，这就是贤士不归附他的原因。

刘邦破格用陈平

◎英雄莫问出身。——格言

> 陈平（？—前178年），阳武（今河南原阳东南）人，伟大的谋略家。秦末农民起义中，陈平事魏王咎，不久受谗亡归项羽，后又间行降汉，拜为都尉，使参乘、典护军，后历任亚将、护军中尉，在战胜项羽的过程中出了不少奇谋。公元前202年，刘邦被匈奴困于平城（今山西大同北部），陈平献计得以解围。吕后当政时，陈平被削夺实权。吕后死，陈平与太尉周勃合谋平定诸吕之乱，迎立代王为文帝（汉文帝刘恒）。

陈平是秦末汉初时人，幼时家境清贫，但酷爱学习，与哥嫂长期生活在一起。哥哥陈伯非常喜欢这个小弟弟，终年辛勤劳作，供陈平读书。尽管家里饭食条件不好，陈平仍长得仪表堂堂，是方圆百里闻名的美少年。人们纷纷议论："陈伯家里那样穷，给陈平吃什么好东西了，他竟长得这么漂亮？"嫂嫂早就对陈平白吃饭不干活心里有气，听了这话，撇撇嘴说："也就是吃糠咽菜而已。养了这么个小叔子，还不如没有的好！"陈伯知道了这事，休了不肖的妻子，继续供陈平上学。

因为家里穷，陈平年龄很大时仍没有娶到媳妇。本地有个富翁，叫张负。张负的孙女一共嫁了5次，5个丈夫都死了，乡里人说她是"克夫"的命，没人敢再娶她，陈平却不在乎，主动提出愿和这位女子成亲。婚后，陈平在经济上有了张负的资助，读书更用心了，交游也更广泛了。

陈胜起义后，魏公子咎在魏地称王，陈平投奔他，被封为太仆。陈平提了许多好建议，魏王咎总是不采纳，还有人经常在魏王面前说他的坏话。陈

平的才能无法在魏施展，便改投到项羽帐下，被任命为"卿"，也是个只备咨询的闲职。

后来，殷王司马卬有叛楚的迹象。项羽封陈平为信武君，让他去安抚司马卬。司马卬接受陈平劝告表示继续忠于楚国。陈平因出使有功被晋封为都尉，还受赏20金。可时间不长，司马卬仍投降了汉王。项羽认为这是陈平的过错，要杀陈平。陈平有口难辩，连夜封存好项羽赏赐的黄金和印信，只身逃出楚营，投奔汉王。

过黄河的时候，撑船的艄公见他长得白白胖胖的，以为是个有钱的富翁，起了图财害命的歹心。陈平觉察出来了，主动脱掉衣服，赤身露体，帮着艄公摇船。船夫见他是个穷光蛋，便放过了他。

躲过了这一劫，陈平顺利地来到汉营。到了汉营。陈平托与自己交往很深、又受汉王重用的魏无知帮忙引荐。魏无知讲述陈平的才华，汉王刘邦将信将疑。当时来投奔汉营的还有6个人，刘邦把他们一块留下来吃饭。饭后，别的人都先后告辞了，陈平仍端坐着不动。他请求汉王能尽快给他安排一个合适的位置。刘邦对陈平作了认真、全面的考核。所问之事，陈平无不对答如流。那博深的知识、横溢的才气，使刘邦惊叹不已。刘邦决定破格录用他，便问："你在项王那里担任什么职务？"陈平答："都尉。"刘邦当即宣布：封陈平为汉军都尉，兼汉王参乘，同时执掌监护汉军将士之职。

汉王破格录用陈平，在汉营掀起了轩然大波，特别是从沛县就跟着刘邦起兵的老资格将领很不服气，说："陈平是楚国的一个逃兵，来汉营才三天，寸功未立，竟受如此器重，太不应当。"

汉王对这些议论一概不理，对陈平的重用有增无减。不久，又升陈平为亚将（仅次于主将），派往前沿阵地广武巡视。

以后的事实证明，陈平不仅是一位有勇有谋的杰出人才，而且是一位名副其实的谋士，为除掉范增立下了不朽之功，也为刘邦往后的节节胜利铺平了道路。

◎故事感悟

　　刘邦恢宏大度，善于发现人才，使用人才，所以成就了统一中国的大业。发现人才不难，但放手使用人才却不是一件易事。刘邦对人才的态度给后人树立了榜样，也引发世人深思。

◎史海撷英

陈平少有大志

　　陈平年轻时办事就十分老练、公道。家乡每年春秋两季都举行祭祀神社的庙会，庙会结束后，邻里们要分享祭祀用的肉。分肉的差事总是交给陈平办，陈平每次都能分得让人人满意。乡亲们称赞他，他总是笑着说："这点小事不足挂齿。以后如果让我帮忙主宰天下，我也会做得像今天分祭肉一样，让人人喜欢。"

◎文苑拾萃

嘉兴社日

（唐）刘言史

消渴天涯寄病身，
临邛知我是何人。
今年社日分余肉，
不值陈平又不均。

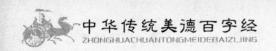

刘邦尚贤成一统

◎惜贤者，爱才也。——格言

> 韩信（约公元前231—前196年），古淮阴（今江苏省淮安市）人，西汉开国功臣，齐王、楚王、上大将军，后贬为淮阴侯。韩信是中国历史上伟大的军事家、战略家、战术家、统帅和军事理论家，中国军事思想"谋战"派代表人物，被后人奉为兵仙、战神。"王侯将相"韩信一人全任。"国士无双"、"功高无二，略不世出"是楚汉之时人们对韩信的评价。

刘邦出身卑微，但他却志向高远，能高瞻远瞩，很早就看清了社会潮流和民心所向，能识大局、懂大理，因而也能顺应民心，勇于任事。

刘邦深刻地了解了几百年的诸侯战争，特别是"苦秦苛法"给人们带来的沉痛灾难，更懂得"得民心者昌，失民心者亡"的道理，从而毅然加入了"诛暴秦，伐无道"的农民起义的行列，大胆地"斩蛇起义"，并对人民"诸所过，毋得掠房"，使得"秦人喜，秦军解，因大破之"。破秦以后，他连投降的秦王子婴（秦始皇的孙子，继秦二世为王）也不杀害，并与咸阳父老约法三章："杀人者死，伤人及盗抵罪，余悉除去秦法。诸吏人皆案堵如故。"刘邦的这些措施，不但深得民心，而且由于秦朝官吏都能"案堵如故"，故而也得到旧官吏的拥护。"秦人大喜，争持牛羊酒食献饷军士"，并"唯恐沛公不为秦王"。刘邦的这一用人策略一下子就调动了绝大多数秦朝官民的积极性，化阻力为助力，增强了自己的力量，也提高了自己的威望。

刘邦在率军攻破秦国首都咸阳之后，十分羡慕秦朝富丽堂皇的皇家宫阙和成群的美女爱姬，然而经张良、樊哙劝说后，他立即回军霸上。鸿门宴之前，按楚义帝先约，刘邦先入关，应当为关中王。但面对项羽40万大兵压境，只有10万兵的刘邦为了将来一统天下之大计，听从张良劝说，暂时委曲求全，忍辱去汉中为王。后来，刘邦贵为皇帝，连小卒娄敬的迁都和和亲建议他都一一采纳，这说明刘邦是个从善如流的一代明君。

在刘邦的军中，只要是有才能的人，不管出身、地位如何，一律都以才录用，而且不求全责备。刘邦本人就曾说："爵位的授予以功劳的大小为先后，官职的安排以个人能力为次序。"从他所用人的身份上就能看出他用人真正做到了"不拘一格降人才"。如汉初三杰之一的萧何，原来是沛县县主吏橼；谋士张良是失魂落魄之人；大将军韩信是个讨饭的叫花子，并且是一个甘受胯下之辱的"懦夫"。

其他很多人也是这样的，周勃是一个编席打篓子兼做吹鼓手的，曹参是个狱橼，张苍为秦国的御史，樊哙是个杀狗的屠夫，娄敬为一介车夫，灌婴是个小商贩，还有陈平、夏侯婴等人皆为白徒，然而他们却各有所长，刘邦一向"英雄不问出身"，大胆地任用他们，结果他们都成了刘邦手下的谋臣战将，并且忠心耿耿地为刘邦效劳，形成了以刘邦为首领的中坚力量，对刘邦统一天下起到了决定性的作用。

刘邦从不偏听偏信，更不会轻易怀疑所用之人。陈平在弃楚投汉之后，刘邦观其有才，便大胆任用，封其为都尉，兼任典护军，出入和自己同坐一辆车子。这件事后来引起部下诸将的不满，纷纷在刘邦面前说陈平的坏话，说陈平"虽美而未必有真才实学"，还说陈平有"收金"（受贿）、"盗嫂"（与其嫂子私通）、"反叛"行为，是一个无信无义的人。刘邦却没有轻信这些话，而是亲自调查事实真相，此后更加信任和重用陈平，并将他又升为护军中尉，监督全军将领。

当刘邦和项羽正处于胶着状态时，陈平要到项羽的军营中实施反间计。刘邦为了支持陈平的工作，一次拨黄金（实际是黄铜）4万斤给陈平，让陈平自己决定如何使用，并且不问出入（账目）。由此可以想见刘邦对陈平的信任。

刘邦的信任使陈平十分感动，他曾六出奇计，为汉朝立下了汗马功劳。

刘邦在对韩信的使用上更是不拘一格，大胆提拔。韩信最早曾在项羽的营中，项羽不予重用，才又投靠刘邦，结果还是不被了解和重用，于是又想逃跑。萧何深知韩信的军事才能十分了得，汉王要想争夺天下，就必须留住这样的军事天才，于是就来了个"萧何月下追韩信"，并说服刘邦一定要重用韩信。刘邦了解了韩信的潜能后，立即采纳萧何建议，破格提拔他为大将军，统帅全军。并下令，众将若有不服者杀头，使韩信因此而感动不已，竭力扶汉诛项，四年后便一统天下。

刘邦对待部下可以说做到了充分信任，坦诚相见。张良、韩信、陈平等人，如果有什么事情要跟刘邦谈，提出问题，刘邦全部都是如实回答，从不隐瞒军机，从不说假话，哪怕这样回答很没面子，他也不说假话。张良在鸿门宴之前得到消息，说项羽第二天要派兵来剿灭刘邦，张良曾问过刘邦，大王打得过项羽吗？刘邦的回答是"固不如也"。后来韩信到刘邦军中来，也问了同样的问题，说大王你掂量掂量自己的能力、魅力、实力比得过项羽吗？刘邦虽然沉默了良久，最后还是坦诚相告，"固不如也"。

张良、韩信、陈平等人之所以能够及时帮助刘邦提出自己的计策来，就是由于刘邦能够如实相告，绝不隐瞒什么。

项羽和刘邦的用人之道基本相反，是"其任爱非诸项，即妻之昆弟"（所任用的人不是项氏家族就是其妻妾的亲人），致使"天下畔之，贤才怨之，而莫之用"。所以，原来他手下的能人部下如陈平、韩信、彭越、叔孙通等皆陆续转而投靠刘邦了。

公元前202年2月，刘邦在山东定陶汜水之阳登上皇位，定国号为汉。同年6月，刘邦在洛阳的南宫开庆功宴。

宴席上，刘邦问群臣："列侯诸将，大家不要隐讳于我，都要直言真情。我为什么能得天下？项羽为什么失掉天下？"

高起、王陵回答说："陛下傲慢而侮辱人，项羽仁厚而爱人。然而陛下使人攻城略地，每攻占一个地方，陛下就将它封给有功的将帅，并能与天下人同利。项羽嫉贤妒能，有功者便加以杀害，贤能之人对项羽怀疑而不能相信。诸将战胜而不酬功，得地而不予封赏，项羽因此而失天下。"

　　刘邦说："你们只知其一，不知其二。若论运筹帷幄之中，决胜千里之外，我不如子房（张良）；若论镇守国家，安抚百姓，供给粮草使军饷不绝于粮道，我不如萧何；若论统率百万大军，战必胜，攻必取，我不如韩信。这三个人，都是人中豪杰！我能用他们，这才是我之所以得天下的道理。项羽有一个范增，但他不能用，这就是项羽被我所擒的道理。"

　　刘邦把韩信从楚王降封为淮阴侯之后，刘邦问韩信："你说，像我这样的才能，能带多少兵？"

　　韩信说："陛下带兵不过十万。"

　　刘邦又问："那你能带多少？"

　　韩信回答："我带兵是多多益善。"

　　刘邦笑着说："多多益善，为什么被我所擒？"

　　韩信说："陛下不善带兵，但善于控制大将，这就是我被陛下所擒的原因。"

　　刘邦听后哈哈大笑，默认了韩信的说法。

◎故事感悟

　　刘邦，一个识字不多、没有什么学问和特殊才能的农民，之所以能够从布衣起家，手提三尺剑斩蛇起义，两年诛灭暴秦，五年挫败项羽，一统天下，建立了延续400多年的大汉王朝（前后汉合计），其主要原因就在于他会用人、用能人，懂得用人之道和用人的技巧。如当时的萧何、张良、韩信、陈平之流，他们都有经天纬地之才，都是汉初的杰出人才，而他们皆能忠心耿耿地为刘邦所用，这说明刘邦能知人善任，集中能人的聪明才智，为自己的事业服务、为国家统一事业服务。

◎史海撷英

陈平计封韩信灭项羽

　　公元前203年11月，韩信在齐地取得节节胜利，军威大振。而刘邦此时正屯兵广武与楚军相峙，双方处于胶着状态。韩信便乘机要求刘邦封他为假齐王。刘邦闻讯后勃然大怒，大骂韩信："我被困在这里这么久了，天天盼着他来帮助我，如今不但不来相助，反而要自立为王！"刚骂到这里，忽然觉得脚被人踢了一下，连忙住口。

原来，陈平、张良此刻正坐在他的身边。二人深知韩信的文武全才，又手握重兵，并且远在齐地，如果他要称王，刘邦根本没有能力阻止他。这件事倘若处置不当，一旦激其兵变，韩信自立为王，就会与楚、汉形成三足鼎立之势，到那时天下大事胜败就更难预料了。所以陈平听了刘邦骂韩信后，马上踢了他一下。刘邦也很精明，连忙改口说："大丈夫既已平定诸侯，要做就做个真王，何必做什么假王！"于是就封韩信为齐王，从而稳住了韩信这支重要的力量，避免了汉军的分裂。

韩信对刘邦的封赏感恩戴德，最终引领大军攻打楚军，取得了垓下之战的胜利，迫使项羽乌江自刎，为刘邦建立汉朝起到了决定性的作用。

◎文苑拾萃

赠新平少年

（唐）李白

韩信在淮阴，少年相欺凌。

屈体若无骨，壮心有所凭。

一遭龙颜君，叱咤从此兴。

千金答漂母，万古共嗟称。

曹操的三道求贤令

◎常格不破，人才难得。——包拯

> 郭嘉（170—207年），字奉孝，颍川阳翟（今河南禹州）人，东汉末年曹操帐下谋士，官至军师祭酒，洧阳亭侯，后于曹操征伐乌丸时病逝，年仅38岁，谥贞侯。

汉献帝建安十三年（208年），曹操被孙刘联军大败于赤壁（今湖北嘉鱼东北），几乎全军覆没。曹操脱险后仰天大哭，边哭边说："若郭奉孝在，决不使吾有此大失也。哀哉，奉孝！痛哉，奉孝！惜哉，奉孝！"这位郭奉孝，名嘉，是曹操的得力谋士，不幸在赤壁大战前病死。

赤壁大战后，曹操更感到人才的重要。建安十五年（210年）春天的一个夜晚，月挂中天，万籁俱寂，曹操在军帐中踱来踱去，思绪翻滚。他想起了那些在赤壁大战中战死的文臣武将，心头隐隐作痛，不由得感慨万端：人才啊，人才，我的事业太需要人才了。他又吟诵起了前不久写的诗句：

> 月明星稀，乌鹊南飞。
>
> 绕树三匝，何枝可依。
>
> 山不厌高，水不厌深。
>
> 周公吐哺，天下归心。

这几句话是说，像月夜里乌鹊找不到可靠的归宿一样，当世的人才都在寻找依托，但是哪儿是他们的托身之所呢？就像山从不满足于自己的雄伟，水也从不满足于自己的深度一样，明主得到的贤才越多，事业就越兴旺发达。昔日的周公，一听说有贤才来访，即便正吃着饭，也要把饭吐出来马上接见，于是得到了天下人的拥戴。

曹操决心像周公那样，广招贤才，完成统一大业。他铺开纸笔，满怀激情，挥笔写下了第一道求贤令。他说："如今天下尚未平定，正值用人之际。民间还有没有穿着粗布衣裳、才能出众，却还像姜太公那样在渭水河边垂钓的贤才呢？还有没有像陈平那样因蒙受'盗嫂受金'的坏名声，而得不到保举的谋士呢？各级官吏一定要明察细访，向我推荐，我一定会量才录用的。"

命令一出，各级官吏纷纷把民间的贤士向曹操推荐。一时间，曹操手下人才云集，文有谋臣，武有猛将，曹军慢慢恢复了元气。

建安十九年（214年）冬，曹操又下了第二道求贤令——《敕有司取士毋废偏短令》。令中指出："对那些有这样那样缺点的贤能之士，也要予以推荐使用。"并强调说："人有某些缺点在所难免，不能因为一个人有某种缺点就埋没他的才能。选官的人员只有明白这一点，才不会埋没人才。"

又过了三年，六十多岁的曹操依然求贤若渴，又颁发了第三道求贤令——《举贤勿拘品行令》。令中说："对那些出身寒微但确实勇猛无畏，能舍生忘死与敌拼杀的人，对那些屈居下僚但本领高强的人，对那些虽然有过不光彩的名声，但确有治国用兵之术的人，各级官吏也要大胆推荐，不要把他们遗漏掉。"

由于曹操有"周公吐哺"的谦逊，有破除门阀观念的胆量，有不拘一格唯才是举的决断，他先后下达的三道求贤令使他手下聚集了一大批人才，形成了猛将如云、谋臣如雨的局面。这些人才在曹操的统一大业中发挥了重要作用。

◎故事感悟

曹操是汉末乱世中的杰出英雄，为了实现一统天下的雄心壮志，他一再要求别人向他推荐有"治国用兵之术"的人才，不管这些人的出身、地位、贫富，甚至是个人品行。虽然曹操的这种做法并不一定完全正确，但却表现了他敢于打破常规的务实精神和求贤若渴的愿望，并最终选拔出了不少杰出的人才，为他的事业奠定了坚实的基础。

◎ 史海撷英

郭嘉劝曹操惜贤

建安元年（196年），吕布率兵攻打刘备，刘备战败逃走，归降了曹操。曹操宽厚地对待刘备，让刘备领豫州牧。有人建议曹操诛杀刘备以防后患，曹操便征求郭嘉的意见，郭嘉分析说："公起义兵，为百姓除暴，广推诚信以招俊杰，还害怕俊杰不来。刘备有英雄的名气，因困厄投向您，您若杀他，就会落下害贤的恶名。如此，智士将要投向别人，您还如何定天下呢？"曹操含笑说："君说得对。"于是给刘备增兵增粮，派其到沛（今江苏沛县）收集散兵以对付吕布。

◎ 文苑拾萃

观沧海

（魏）曹操

东临碣石，以观沧海。

水何澹澹，山岛竦峙。

树木丛生，百草丰茂。

秋风萧瑟，洪波涌起。

日月之行，若出其中；

星汉灿烂，若出其里。

幸甚至哉！歌以咏志。

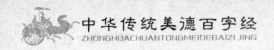

 ## 曹操礼贤胜官渡

 ◎天下之通道五，所以行之一，曰勉。——扬雄

> 许攸（？—204年），字子远，南阳（今河南南阳）人。许攸本为袁绍帐下谋士，官渡之战中投奔曹操，后随曹操平定冀州。曹操攻克冀州后，许攸自恃功劳大，不把任何人放在眼里，居功自傲，数次故意讥讽曹操，终被曹操杀害。

官渡之战是我国古代以弱胜强、以少胜多的著名战例。该战役爆发于公元200年，是曹操与袁绍争夺中原地区的关键性一战。在战斗中，曹操歼灭了袁军的主力，奠定了统一北方的基础。战争的胜利固然与曹操指挥有方有关，但曹操礼貌待人，善于听从高人的意见也是非常重要的原因。

当时，袁绍的军队有五六万，号称十万，而曹操的军队只有两三万。开始时，曹军先胜了两场小仗，但袁军自恃兵多粮足，欲渡河与曹操决战。曹操军粮告急，派人到许昌催粮。不料这催粮的书信被袁军截获，送到袁绍的谋士许攸那里。许攸得知曹军缺粮的情报，立即向袁绍建议分一部分军队进攻许昌，剩下的人趁曹军粮尽，攻击曹操。

谁知袁绍刚愎自用，听不进去。正巧有人送了一封信给袁绍，信中说许攸的子侄侵吞公款，他本人也有贪污行为。袁绍大怒，把许攸大骂一顿，赶出营门。

许攸受了侮辱，又羞又气，想起曾与曹操有些交情，便连夜投奔曹操。

军士将这一消息报给曹操的时候，他已经脱了衣服休息。听说许攸来投，曹操并不因为许攸是袁绍的谋士就敌视、怠慢他。他立即披上衣服，靴子也来不及穿，光着脚跑出营门口迎接。一见许攸，曹操满面笑容，拍手欢迎。

他亲切地拉着许攸的手一同走进大帐，刚到帐中，曹操就向许攸行了个大礼，一拜及地。

许攸见曹操不计前嫌，衣服都来不及穿好就出来迎接自己，心里已是十分感动，现在又见曹操行如此大礼，激动得热泪盈眶。他慌忙扶起曹操，说："公乃汉朝丞相，我不过是一介布衣百姓，你为何这样谦恭？我实在不敢当！"

曹操说："你这是说的哪里话。你是我的老朋友了，我哪敢以官职与你分上下尊卑？"

许攸见曹操如此以礼相待，便将袁绍如何不听自己的话，反侮辱自己的事情告诉了曹操。曹操听了吓了一跳，暗自庆幸袁绍不听劝告，曹军算是躲过了一劫。他虚心地向许攸请教破袁之策，许攸建议说："袁绍在乌巢屯有一万多车军粮，守粮官淳于琼是个酒鬼，防备很松。您可派一队轻骑偷袭，将粮食全部烧光。不出三天，袁军必定不战自败。"

曹操接受了许攸的主张，第二天夜里亲自带人夜袭乌巢，烧了袁军的粮草。袁绍仓促发兵，曹操又听从许攸的意见，抓住时机，向袁军发动大规模进攻，一举歼灭了袁军主力，取得了官渡之战的胜利。

◎故事感悟

曹操之所以能够取胜，除了他多谋善断、智勇双全之外，更与他爱贤惜才分不开。袁绍刚愎自用，无识人之明、容人之量，逼走了谋士许攸。曹操爱才如命的举动彻底感动了许攸。正是许攸的计谋帮助曹操取得了战役的胜利。这一典型事例再次告诉我们，任贤纳谏对于事业成功具有重要意义。

◎史海撷英

曹操屯田

东汉末年，战事连年不断，社会生产力遭到了极大的破坏，人口锐减，粮食短缺。建安元年（196年），曹操采纳了枣祗、韩浩的建议，在许都（今河南许昌）附近大量屯田。屯田的土地都是无主和荒芜的土地。当时，屯田有民屯和军屯两种。民屯每50人为一屯，置司马，其上置典农都尉、典农校尉、典农中郎将，不

隶郡县，收成与官府分成：使用官牛者，须上交官府六成；使用私牛者，官民对分。屯田农民不能随便离开屯田。军屯则以士兵为主要劳动力，60人为一营。士兵们一边戍守，一边屯田。屯田对安置流民、开垦荒地、恢复农业生产等发挥了重要的作用，也为曹操后来统一北方奠定了坚实的物质条件。

◎文苑拾萃

秋胡行（其一）

（魏）曹操

晨上散关山，此道当何难！

牛顿不起，车堕谷间。

坐磐石之上，弹五弦之琴。

作为清角韵，意中迷烦。

歌以言志，晨上散关山。

有何三老公，卒来在我旁。

负揜被裘，似非恒人。

谓卿云何困苦以自怨，徨徨所欲，来到此间？

歌以言志，有何三老公。

我居昆仑山，所谓者真人，道深有可得。

名山历观，遨游八极，枕石漱流饮泉。

沉吟不决，遂上升天。

歌以言志，我居昆仑山。

去去不可追，长恨相牵攀。

夜夜安得寐，惆怅以自怜。

正而不谲，辞赋依因。

经传所过，西来所传。

歌以言志，去去不可追。

陶谦传贤不传子

◎国家用人，当以德为本，才艺为末。——康熙

> 陶谦（132—194年），字恭祖，丹杨（今安徽宣城）人，汉末群雄之一，官至安东将军、徐州牧，封溧阳侯。

东汉末年，诸侯纷争，战乱不已。当时的徐州太守陶谦是一个忠厚贤明的人，很受徐州百姓爱戴。由于年事已高，体弱多病，陶谦不得不考虑自己的继承人问题。本来他可以让儿子接替他的职务，但他认为自己的两个儿子很不成器，在这诸侯纷争的形势下，任用不贤之人，将会给徐州百姓带来无穷的灾难。于是，他就时刻注意物色合适的人选。

有一年，曹操带领大军攻打徐州。当时的平原相刘备带领张飞赶来救援，击破了曹军的拦截，首先进入了徐州城。

陶谦老早就听说过刘备的贤名，这次见了面，更觉得他是个非凡的人才，便决定将徐州相让。他命人将徐州官印拿出，双手捧给刘备说："现在天下大乱，国家正在用人之际，你年富力强，才能卓越，正是为国家和百姓出力的时候。我年高体衰，早有心让贤，今天有幸遇上你，我这桩心事总算可以了结了，请你不要推辞。"刘备听了，连忙摇头说："我本为救徐州而来，如果反而取徐州，是不仁不义之举，所以，我无论如何不能从命。"陶谦只好暂时作罢。

徐州解围之后，陶谦设宴庆功，慰劳将士。当着大家的面，陶谦请刘备坐在上座，再次提出让贤的问题。他说："我已是风烛残年，两个儿子都是无

能之辈。我想来想去，刘公是汉室后代，德高才广，如能接替我治理徐州，我死也放心了。"刘备再三推辞，陶谦流着泪说："您要是不答应，离我而去，我是死不瞑目啊！"刘备还是坚持不肯，最后，陶谦只好请刘备暂时屯军小沛，帮助保护徐州，刘备勉强答应了下来。

过了些时候，陶谦得了重病，他派人到小沛请刘备来商议后事。当刘备赶到时，陶谦已经奄奄一息。他拉着刘备的手，断断续续地说："我的病已不可救，眼看就要离开人世。万望您接受我的委托，治理徐州，那么，我死也瞑目了。"接着，陶谦又向刘备强调自己的儿子不堪重任，一再告诫刘备要亲自管理徐州，决不能传位给他的两个儿子。刘备还要推托，只见陶谦用手指着自己的心口，慢慢咽了气。

刘备办了陶谦的丧事，在徐州军民的一致推举下，这才接任了徐州太守。

陶谦三让徐州，传贤不传子的故事，受到了后人的称赞。

◎故事感悟

陶谦身处乱世之中，但他不满足于自己的富贵生活，为实现保境安民的目标，他一再让贤。他的举动体现了以民为重，以大局为重，尊重贤才的高贵品德。

◎史海撷英

陶谦屯田

东汉中平六年（189年），陶谦任命下邳人陈登为典农校尉，在徐州境内实行屯田。陈登当时只有25岁，年纪虽轻，能力却很强，一上任就"巡土田之宜，尽凿溉之利"。在陶谦、陈登的共同努力下，徐州的农业生产得到了较快的恢复和发展，收获也"粳稻丰积"。陶谦在徐州的屯田比起公孙瓒在易京、曹操在兖州的屯田要早6年，可以称得上是汉末第一个想到屯田解决粮荒的人。

◎文苑拾萃

《三国演义》

《三国演义》全名为《三国志通俗演义》，作者为罗贯中。

《三国演义》是中国四大古典名著之一，也是中国历史演义小说的经典之作。小说描写了东汉末年和整个三国时代以曹操、刘备、孙权为首的魏、蜀、吴三个政治、军事集团之间的矛盾和斗争。在广阔的社会历史背景下，《三国演义》展示出了东汉末年尖锐复杂而又极具特色的政治、军事冲突，在政治、军事谋略方面对后世都产生了深远的影响。

在对三国历史的把握上，作者表现出明显的拥刘反曹倾向，以刘备集团作为描写的中心，对刘备集团的主要人物加以歌颂，而对曹操则是极力揭露鞭挞。今天看来，作者的这种尊刘反曹的倾向也暗含了罗贯中所处时代的人民对汉族复兴的希望。

刘备三顾茅庐请贤才

◎人才难得而易失，人主不可不知之。——梁佩兰

刘备（161—223年），字玄德，河北涿县（今河北涿州）人，汉中山靖王刘胜的后代，三国时期蜀汉开国皇帝，221年至223年在位。东汉灵帝末年，刘备因起兵讨伐黄巾军有功而登上政治舞台。赤壁之战后得到荆州五郡，后又夺取益州。夺取汉中击退曹操后，刘备于建安二十四年（219年）七月自立为汉中王。魏黄初二年（221年），时曹丕已于上年十月逼迫汉献帝禅让皇帝位，蜀中又传言汉献帝已经遇害，刘备遂于成都即皇帝位，年号章武。次年伐东吴兵败，损失惨重，退回白帝城。蜀汉章武三年（223年）刘备因病去逝，享年63岁，谥号昭烈帝。

东汉末年，天下分崩，群雄逐鹿。皇族刘备以匡扶汉室为己任，在涿县（今河北省涿州）起事。起初刘备兵微将寡，先后投靠公孙瓒、陶谦、吕布、曹操、袁绍。官渡之战后，刘备带领关羽、张飞投奔到刘表处。刘表拨给他1000人马，并让他屯驻荆州境内一个偏僻的新野县城。刘备欲成大事，但他的人马还很有限，为了能在荆州立足，他求贤若渴，经常亲自访求人才。

刘备手下有个谋士叫徐庶，此人足智多谋，深得刘备的信任。徐庶也觉得刘备胸怀大志，将来定能成就大业。有一天，他对刘备说："我向主公推荐一个人，此人复姓诸葛，名亮，字孔明，现隐居在隆中。这是一位有远见卓识、文能治国、武能安邦的栋梁之才。他一定能帮助主公成就大事。"

"既然此人如此有才能，就烦劳你辛苦一趟，把孔明先生请来见一面如何？"刘备听后说道。

"主公，此人非同常人，恐怕在下请不动他啊！还是请主公亲自拜访为好，或许这样才能请他出山。"

"说得有理，是我们请人家来帮助我们，怎么能让人家自己来呢？明天我们就上路。"

诸葛亮当时正隐居在襄阳城外20里的隆中（今湖北省襄樊西），与其弟诸葛均躬耕自食。因所居之地有一岗，名卧龙岗，故自号"卧龙先生"。此人乃绝代奇才，被誉为周之姜尚，汉之张良。

这天，刘备兄弟三人带了厚礼，来到隆中。只见此地山清水秀，地坦林茂，刘备赞叹不已。走到庄前，刘备下马亲叩柴门，恭敬求见。不巧，诸葛亮出门去了，刘备怅然而归。

过了几天，刘备得知孔明已回，急忙叫人备马前往。张飞不满道："量他一个山野村夫，何劳哥哥亲往，派人把他叫来不就行了吗？"

玄德斥责说："孔明乃当世大贤，怎么可以随便召来呢？"于是上马再访孔明。

时值隆冬，天气严寒。他们行了没几里路，忽然朔风凛凛，瑞雪霏霏。不一会儿，山如玉簇，林似银妆。张飞说："天寒地冻，连打仗都忌讳的鬼天气，怎么偏要远行去见一个无用的人呢？不如回新野以避风雪。"

刘备正色说："我正想让孔明知我殷勤之意，此等天气，正是机会。"

兄弟三人顶风冒雪，经过大半天的艰难跋涉，终于来到了隆中。庄前下马，刘备又亲自叩门，问道："先生今日在庄否？"

"家兄昨天应人之邀闲游去了。"诸葛均回答说。

"去何处闲游？"刘备急忙问。

诸葛均答道："有时驾一叶小舟行于江湖之中，有时访僧道于山岭之上，有时寻访朋友于村落之间，有时操琴下棋于洞府之内。往来莫测，不知去所。"

刘备更加怅然道："刘备真无此缘分，两番不遇大贤。"说完，遂向诸葛均借了纸笔，留书一封，然后拜辞而回。

光阴荏苒，转眼间已是早春。刘备选定吉期，斋戒沐浴，欲再往卧龙岗拜谒诸葛亮。

　　三人来到隆中，离草庐还有半里地，刘备便下马步行。等叩门时，家僮说："今日先生虽在家，但在草堂上午睡未醒。"

　　"既然如此，暂且不要通报。"刘备吩咐关、张二人在门外等候，自己则恭立阶下。半晌，先生还未醒来。关、张二人在外久立，不见动静，早已有些不耐烦了。张飞闯进来大怒说："这先生如此傲慢，我大哥侍立阶下，他竟高卧，推睡不起。我去屋后放把火，看他起不起！"关羽再三劝住，刘备仍命二人在外耐心等候。刘备再望堂上时，见诸葛亮翻身将起，正想行礼，不想诸葛亮忽又朝里睡去。家僮欲叫醒诸葛亮，刘备急忙止住。又立了一个时辰，诸葛亮方才醒来，他翻身问家僮："有俗客来否？"

　　"刘皇叔已在此立候多时。"

　　"何不早报，尚容更衣。"诸葛亮说完，乃懒洋洋地起身，转入后堂，又半晌，方才整冠出迎。

　　诸葛亮依据自己对天下形势的深刻洞察，为刘备制定了一套切实可行的发展战略，即回避北方兵精粮足的曹操和东南地险民服的孙权，占据荆州，向西夺取昏庸无能的刘璋所据的益州，形成三分天下的鼎足之势。一旦中原有变，则从荆州、益州两地同时进军中原。这就是著名的"隆中对策"。刘备认真听完了诸葛亮的局势分析与战略，佩服得五体投地，更觉相见恨晚。他恭恭敬敬地站起身来，向诸葛亮施礼道："先生的高见，如同一剂良药，驱散了我心中的愁云。我恳求先生出山，助我一臂之力，共图统一天下的大业。"

　　诸葛亮接受了刘备的邀请，随他走出了隆中。刘备拜他为军师，两人事事都在一起商量，形影不离。刘备高兴地说："我得到孔明，如鱼得到水一样啊！"

　　在诸葛亮的辅佐下，刘备下西川，取成都，建立了可以与曹操、孙权相抗衡的蜀汉政权。刘备称帝后，诸葛亮被任命为丞相。后来他又辅佐后主刘禅，为蜀汉政权的建立和巩固呕心沥血，立下了汗马功劳。后世的人们将他视为智慧的化身、忠君的楷模。

◎故事感悟

　　"三顾茅庐"的故事家喻户晓。这个故事之所以能如此深入人心，就在于刘备求贤若渴的诚心实意。刘备有爱贤之德，诸葛亮有知恩图报之义，他们的高尚品质都值得人们敬仰。

◎史海撷英

刘备"如鱼得水"

　　在东汉末的战乱中，刘备势单力薄，寄人篱下，功业无成。诸葛亮的隆中对策指明了他日后的战略方向，刘备十分器重诸葛亮，三顾茅庐后同诸葛亮的情谊日益深厚。关羽、张飞等人不高兴了，刘备劝解他们说："我有了孔明，就像鱼得到水一样。希望你们不要再说什么了。"关羽、张飞这才平静下来。

◎文苑拾萃

蜀先主庙

（唐）刘禹锡

天地英雄气，千秋尚凛然。
势分三足鼎，业复五铢钱。
得相能开国，生儿不象贤。
凄凉蜀故妓，来舞魏宫前。

符坚重用王猛治理天下

◎唯才是举，吾得而用之。——曹操

> 符坚（338—385年），字永固，又字文玉，小名坚头，氐族，略阳临渭（今甘肃秦安东南）人。其祖先世代为西戎首长，其祖父符洪为前秦开国君主。符坚在位前期励精图治，基本统一北方，但在伐晋的"淝水之战"中大败，一蹶不振，后国破被杀。

王猛生活于东晋十六国时期，少时家贫，为人不拘小节。他意志坚强，学识渊博，精通儒学和兵学，隐居在华阴山中。东晋的大将桓温曾会见王猛，谈论当时的政治局势。王猛一面捉着身上的虱子，一面与桓温侃侃而谈，旁若无人，从容镇定。桓温觉得此人很奇特。王猛往往能一语道破他的疑问，桓温很是吃惊，更觉得王猛确实是有真本事的高人。

符坚是北方前秦的国王，为复兴符氏的大业，他一心访贤。得知王猛的情况后，他如获至宝，将王猛请来，两人畅谈国事。符坚见王猛腹有雄才伟略，胸襟开阔，对他非常信任。符坚对手下的人说："我得王猛，如刘备得孔明也。"

符坚任命王猛为中书侍郎，派他去整顿地方社会秩序。有个地方，那里盗匪横行，百姓如惊弓之鸟，日夜寝食不安。王猛到任后，立刻颁布法律条令，严惩罪犯，果断地处决了一名罪大恶极的坏分子。当地的恶势力为了报复王猛，借机对他进行造谣诽谤。符坚开始不明真相，问道："你刚到没几天就乱杀人，这难道是治国之道吗？"

王猛答道："臣以为太平盛世，应以礼治国。而今盗匪滋事，只有严刑重法方可以震慑奸邪，才能从根本上杜绝恶势力。如若不加以严惩，岂不有违陛下的重托吗？"

　　符坚听后甚觉在理，就提升王猛为尚书左丞，兼咸阳内史和京兆尹。不久，又升为吏部尚书、左仆射、辅国将军等，连升五级。许多贵族见符坚如此重用王猛，很嫉妒他，想方设法诋毁王猛的名誉。有的大臣还公开侮辱他说："你没给国家立下什么功劳，坐享其成，反倒管起我们来了，真是岂有此理！"

　　符坚听说后，找来了这位大臣，对他训诫了一番，可这位大臣仍不改悔，竟然破口大骂。符坚便将他处死，其他人也就不敢再随便轻视、诽谤王猛了。从此，王猛得以放心大胆地严格执法，无论地位尊卑，只要犯法就严惩不贷。有一个皇室人员酒后无德，调戏良家妇女，危害百姓。王猛依法将其暴尸街头，使京城的秩序大为好转。

　　符坚称赞道："我现在真正明白了王猛的主张是对的。治理天下必须有法，如此国君才显得崇高和伟大。这都是王猛的功劳啊！"

　　在王猛的建议下，符坚注意选拔德才兼备、廉洁奉公的人，重视农业生产，兴修水利，奖励农桑，鼓励工商业的发展，使国内呈现一派繁荣祥和的景象，为符坚统一北方奠定了坚实的基础。

　　370年，符坚亲自统兵灭掉燕国。符坚诚恳地对王猛说："有了你的大力支持和辅助，我就像周文王得到了姜尚一样，以后可以高枕无忧，安度晚年了。"符坚还告诫他的后代，要像自己一样对待王猛。

　　王猛因多年为国事操劳，呕心沥血，积劳成疾，病倒了，在病中他还向符坚上书进谏。符坚经常去探望他，为他请医生治病，派人找最好的药给他吃。但无论怎样努力，王猛还是离开了人世。符坚悲痛欲绝，他情不自禁地向苍天发问："难道老天爷不让我一统天下吗？为何这么早就夺走了我的丞相？这是上天在捉弄我！"

　　符坚为王猛举行了盛大的葬礼，全国上下悼念三天。

◎故事感悟

　　符坚重用王猛、信任王猛，放手让他施展治国安邦的才能，终于换来了国家的兴盛和强大。这个故事告诉我们，要有发现人才的观察力，更要有放手使用人

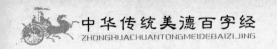

才的魄力。这样才能保证人尽其才、才尽其用，助自己事业取得成功。

◎史海撷英

符坚杀暴君

353年，前秦皇帝符健病死，其子符生继位。符生视杀人如儿戏，每逢接见大臣，都让侍从箭上弦，刀出鞘，铁钳、钢锯等摆放在跟前，看谁不顺眼就立即杀掉，因此，朝中人人自危，都希望符坚能够取而代之。

357年的一个夜晚，符生对一位侍女说："符法和符坚兄弟也不可信赖，明天就把他们除掉。"侍女等符生熟睡后，把这件事秘密地报告了符坚。符坚兄弟才不得不立即采取行动，召集亲兵，分两路冲进符生的王宫，把睡懵懵的符生杀了。此后，在朝臣的一致拥戴下，符坚在太极殿登位，号称"大秦天王"，改年号永兴，实行大赦。

◎文苑拾萃

成语"扪虱而谈"

"扪"是按的意思。这个成语的意思是说，一面按着虱子，一面高谈阔论，形容谈吐从容，无所畏忌。

这个典故出自《晋书·王猛传》："桓温入关，猛被褐而诣之，一面谈当世之事，扪虱而言，旁若无人。"

王猛是东晋十六国时期人。他学识广博，爱读兵书，为人谨慎，严峻刚毅，是我国历史上有名的政治家。

354年，东晋大将桓温出兵北伐。进入关中以后，王猛披着老百姓的衣服去见桓温。一见面他就谈论当时的天下大事，并把手插进衣服里摸虱子，好像身边再没有别人一样。桓温见王猛谈吐举止不同一般，便和他亲切地交谈起来，还赐给他车辆和马匹。

这个典故相当著名，鲁迅在《魏晋风度及文章与药及酒之关系》一文中就说道："扪虱而谈，当时竟传为美事。"

拓跋宏破格用赵黑

◎取士之方，必求其实；用人之术，当尽其才。——欧阳修

> 拓跋宏（467—499年），即北魏孝文帝，他是卓越的少数民族政治家、军事家和改革家。他崇尚中国文化，将北魏首都从平城（今山西省大同市）迁往洛阳，实行汉化，禁胡服、胡语，改变度量衡，推广教育，改变姓氏并禁止归葬，提高了鲜卑人的文化水准，促进了北方民族的融合。

南北朝时，北魏出了个年轻有为、善于用人的皇帝，他就是孝文帝拓跋宏。

拓跋宏刚执政时，国家较为贫弱，百废待兴。他首先遇到一件麻烦事，就是怀朔、雍州、定州三座军事重镇接连不断地发生骚乱。孝文帝决心选拔三位有能力的人前去镇守。

拓跋宏发出求贤令，号召大臣们不论出身贵贱，不论所从事的职业，广泛推荐人才。一时间，大臣们纷纷推荐贤人。有多人推荐了赵黑，说赵黑博古通今，很有谋略，且为人正直，是个难得的人才。

提起赵黑，孝文帝并不陌生，他是自己宫里的仆人，孝文帝小时候就曾听他讲过故事。平时赵黑很乐于为大家排忧解难，大家都很爱戴他。但孝文帝以前并没有和他深谈过，现在决定找赵黑好好谈谈。一来可以试试赵黑的才干，二来亦可表示自己的诚意。

一天，孝文帝特意设宴，派人请来了赵黑。孝文帝高兴地请他坐下，亲切地和他交谈起来。文帝自责地说："早就有人向我提起你，说你很能干，可

是却没有引起我的注意。你的才干被埋没了多年，这是我的失误啊！现在国家急需人才，我想派你去治理定州，希望你能发挥自己的聪明才智。"

赵黑一听，赶忙说："陛下，微臣出身低贱，才疏学浅，怕担当不了如此重任，请皇上另派他人吧！"

正说着，一位厨师端上来一盘热气腾腾的菜。不巧，一只苍蝇落到了菜里，那个厨师吓坏了，一时不知怎么办才好，傻愣愣地站在那儿。只见孝文帝拿起筷子，对厨师笑了笑，然后轻轻地将苍蝇挑了出去。

孝文帝诚恳地对赵黑说："周文王渭水访贤才的故事，还是我小时候你讲给我听的呢。我也要学周文王，让手下个个人尽其才才对呀！"

话还没说完，那个厨师又端着一碗热汤进来了。真是越怕越出事，厨师太紧张了，端汤的手不住地颤抖，碗一歪，热汤正巧洒在孝文帝的右手上，皮肤都烫红了。厨师吓得跪倒在地，面如死灰，连连叩头请孝文帝恕罪。

赵黑也为厨师捏了一把汗，谁知孝文帝不但没发火，反而和颜悦色地安慰厨师说："起来吧！人有失手，马有失蹄，不要紧的。"

厨师感动得热泪盈眶。

赵黑看到这一切，被孝文帝的诚意深深打动。他对孝文帝说："皇上对我这样信任，又如此体恤下人，真是圣明之主。我一定竭尽全力把定州治理好，不辜负皇上对我的希望。"

半年后，孝文帝到各地巡视。他来到定州，看到定州五谷丰登，政通人和，一片繁荣景象，孝文帝很为自己用对了人而高兴，重赏了赵黑。后来，他又把赵黑破格提拔为大将军，还封了王。

◎故事感悟

孝文帝为取得天下大治，努力求贤，不以出身论英雄。在宴会上，他的谦逊、仁爱、大度感动了贤士赵黑，激励了赵黑为国效力。孝文帝的眼光和仁德也最终助他成就了大业。

◎史海撷英

魏孝文帝迁都洛阳

北魏孝文帝时期，孝文帝为了便于学习和接受汉族先进文化，进一步加强对黄河流域的统治，决心将国都从平城迁到洛阳。

493年，魏孝文帝以讨伐南方的齐为理由，亲自率领30多万步兵、骑兵南下。到洛阳时，正好赶上秋雨连绵，道路泥泞，大臣们都不想出兵伐齐。孝文帝严肃地说："这次我们兴师动众，如果半途而废，岂不是被后代人笑话吗？如果不能南进，那就把国都迁到这里好了。诸位认为怎么样？"

大臣们听了，都面面相觑，无人说话。孝文帝又说："不能犹豫不决了。同意迁都的往左边站，不同意的都站在右边。"

这时一个贵族说："只要陛下同意我们停止南伐，那么迁都洛阳我们也愿意。"许多文武官员虽然都不赞成迁都，但听说可以停止南伐，也都只好表示拥护迁都了。就这样，孝文帝顺利地将国都迁到了洛阳。

◎文苑拾萃

云冈石窟

云冈石窟为我国最大的石窟之一，与甘肃的敦煌莫高窟、河南洛阳的龙门石窟和甘肃天水的麦积山石窟并称为中国四大石窟艺术宝库。

云冈石窟位于山西省大同市西16公里处的武周山南麓，依山而凿，东西绵延约1000米，气势恢弘。现存的主要洞窟有45个，大小窟龛共252个，造像约5.1万余尊，代表了公元5世纪至6世纪时中国杰出的佛教石窟艺术。其中的昙曜五窟，布局设计严谨统一，为中国佛教艺术第一个巅峰时期的经典杰作。

石窟艺术始凿于北魏兴安二年（453年），大部分都是在北魏迁都洛阳之前（494年）完成的，而造像工程则一直延续到正光年间（520—525年）。窟中的菩萨、力士、飞天等形象都生动活泼，塔柱上的雕刻则精致细腻，上承秦汉现实主义艺术的精华，下开隋唐浪漫主义色彩之先河。

李世民选贤任能

◎进君子，退小人，爱人才，申公论。——范纯仁

马周（601—648年），唐初大臣，字宾王，博州茌平（今山东省茌平县茌平镇马庄）人。马周少孤贫，勤读博学，精《诗》、《书》，善《春秋》，后到长安，为中郎将常何家客。631年，马周代常何上疏二十余事，深得太宗赏识，授监察御史，后累官至中书令。马周曾直谏太宗以隋为鉴，少兴徭赋，提倡节俭，反对实行世封制。

　　隋朝末年，全国爆发农民大起义，地方势力也趁机割据。李渊建立唐朝之后，仍有一些强大的起义军和割据力量与唐朝相对抗。唐朝统一全国的战争持续了将近10年。在战争中，担任主帅的一般都是秦王李世民。

　　621年秋天，全国基本实现统一。李渊打破历代惯例，特别为李世民设置了"天策上将"职务，比王、公的地位都高，它的实权甚至超过了太子的东宫。李世民担任这一职务，配备了各种参谋、助手30多人。李世民一贯重视人才，而且知人善任。在这方面，古代帝王没有第二个人可以和他相比。有远见的李世民看到需要武功的时代已经过去，今后应当开始文治，他就利用"天策上将"的有利地位，在王府西边开设了一个"文学馆"，广泛招揽人才。被选中的人，原来的职务不动，再兼挂"文学馆学士"头衔。经过考核挑选，有18人担任学士，他们都是当时出类拔萃的人物。他们是：杜如晦、房玄龄、虞世南、褚亮、姚思廉、李元道、蔡允恭、薛收、薛元敬、颜相时、苏勖、于志宁、苏世长、李守素、陆德明、孔颖达、盖文达、许敬宗。

　　房玄龄从小敏捷聪慧，读过很多书，练就一手草隶书法，又很会写文章，

他18岁举进士。李渊起兵反隋，他跑到军营找秦王李世民，两人一见如故，成为至交。他在秦王府十几年，一直担任记室，秦王要奏请什么事情，骑在马背对他讲，他在马背上稍加思索，下马立刻写成。李渊赞扬说："房玄龄是个深知机宜的人，非常称职。每次替我儿子写报告，总能抓住要领，即使在千里以外汇报，给人的印象就如近在眼前一样。"

杜如晦为秦王府兵曹参军，后来与房玄龄一同担任宰相。

虞世南为秦王府记室，与房玄龄共同处理文字事务，李世民评价他有"五绝"：一是德行，二是忠直，三是博学，四是文辞，五是书翰。

薛收12岁就能写文章，为秦王府主簿，李世民征讨时的布告、檄文，许多都出自他的手。

薛元敬有文才，小时和他叔父薛收、薛德音齐名，被当时人称为"河东三凤"。

孔颖达8岁上学，一天就能背诵书1000句，对《左传》、《尚书》、《易经》、《诗经》、《礼记》都很精通，又擅长注释古典经传。他曾登门向同郡著名学者刘焯求教，开始，刘焯态度冷淡。可是当孔颖达谈了许多问题以后，知道他是有识之士，就热情挽留。其他各人也都有杰出的才华。

18学士分三班轮流在馆内值日，专等李世民每天处理公务后到馆里来探讨问题。他们讨论的内容很广泛，经、史、文学、治国之道，无所不包，常常是深夜才睡。李世民给学士们安排了丰盛的饭菜，待遇优厚，让他们专心致志，把自己的才学尽量发挥出来。通过讨论，李世民从学士们那里学到了不少东西，对他以后掌握统治权起了很大作用。所以，在他当皇帝的前夕，命令阎立本为十八学士画了像，挂在馆里，并让褚亮为每一个学士写了赞语，颂扬他们的品德和功绩。这样做很得人心，争取了他们为他效力。

唐太宗李世民即位之时，中央政权的基础还不十分稳固。他在下大力气稳定局势的同时，又着手整顿其父李渊在位时的宰相班子，以知人善任的原则，逐步建立起了以自己为核心的领导集团。这个班子汇集了当时最杰出的人才，在政治上呈现出明显的朝气和进取精神。

为保证国家的长治久安，李世民把选贤任能作为一条主要治国措施。贞观初年的官吏，大多是跟随李渊、李世民父子攻伐四方、统一天下的功臣，他们虽能为李氏王朝骑马打天下，但治国经验不足，因此，李世民努力做到不拘一格选拔人才。他不计个人恩怨和私利，任人唯贤，不论远近亲疏。他手下的文武大臣有隋朝旧臣李纲、封伦，有来自农民起义军的徐世、秦琼、程知节等，而魏征原来是太子李建成的部下。李世民有一句话，叫做"内举不避亲，外举不避仇"，这可以说是他用人方针的生动概括。

李世民任用马周，就是他慧眼识英才的一个典型事例。马周从小孤贫，但特别爱学习，对《诗经》和《春秋三传》（《左传》、《公羊传》、《谷梁传》）很有研究。李渊没有重用他，他就在中郎将常何的家里当门客。贞观三年，李世民命令文武百官人人都要写一个报告，评论朝廷的工作。常何本是武人，不大关心政事，因此提不出恰当的意见。马周帮他起草了一份报告，列举了二十几件事，有批评，有建议，都说得恰到好处。李世民很感兴趣，问常何是不是他自己写的，常何如实地说："不是臣下自己写的，这是家客马周起草的。"

李世民当天下午就召见了马周。因为马周行动迟缓，李世民急于要见，竟四次派人催促。当他和马周交谈之后，发现马周确实是个奇才，就让他在门下省任职。

经过三年考核，马周被任命为监察御史。马周办的每一件事，李世民都很满意。他赞扬常何发现了一个人才，特地奖给他帛300匹。马周多次上书，评论政事，反映民情，提出建议，李世民都很重视，多数建议都予以采纳。马周既在朝廷当中书令（宰相），又在东宫任太子右庶子，身兼两官职务，处事精密，都干得出色。可惜他死得太早，只活到48岁。失去了这个能臣，李世民大为悲痛，为他举行哀悼，并让他陪葬在昭陵。这是帝王对大臣的最高待遇，意思是死后君臣也要在一起。

李世民为更大范围地甄选人才，为自己所用，他设立了"弘文馆"，以管理学校，著书立说，培养选拔人才。李世民还亲自视察国子监和太学，增筑学舍，增加学员。此外，唐太宗还沿用了隋炀帝所制定的科举制度，并在此基础上加以发展，设立许多考试科目，进士科是其中最重要的科目。这些措施的施行，促进了文化和吏治的发展，选拔出了很多有用的人才。

李世民选拔人才总是出于公心，尽量不受私人感情影响。有一次，宰相房玄龄向李世民反映了一个情况，说当年秦王府的旧人有一些没有得到提拔，他们在下面有怨言。李世民解释说："当皇帝的一定要至公，这样才能使天下人信服。我和大家的衣食都是百姓供给的，对他们可不能忘记。我们设立各种官职，目的是为了百姓，选用人时就要看能不能为百姓办事，绝不能因为是旧人、熟人就优先选用。要知道，许多新人常常是很有才干的，旧人也有不好的。有怨言就选用，不分好坏优劣，这绝不是一种正确的用人标准。"

有一个人叫庞相寿，在濮阳当刺史，因为贪污被免职。他说自己曾在秦王府待过，希望李世民手下留情。李世民有怜悯的意思，想恢复他的官职，魏征坚决反对。他说："秦王左右的人，很多都在朝廷或地方任职。这些人办了坏事能得到宽恕，那么正直的人就该寒心了。"李世民听从了魏征的正确意见，对庞相寿说："我过去是秦王，一府之主。现在是一国之主，应为天下着想。我不敢违背大臣们的意见。"李世民给了他一些绸缎，打发他回了家乡。

由于李世民始终注意求贤纳才、知人善任，所以在他统治时期，整个朝廷人才济济，群贤荟萃。这些谋臣猛将、文人学士都为他大治天下出谋划策，为开创著名的"贞观之治"贡献了自己的才干。

在大力选拔人才的同时，李世民还进行了法制的改革和建设，采取了慎刑宽法和严格加强法制的措施。他亲自选拔了一批正直无私、断狱公平的人担任法官，并亲自检查法官对案件的处理情况，以保证法律的正确贯彻执行。

李世民在众多人才的辅佐下，很快稳定了国家局势，并采取了一系列有利于生产发展的积极措施，使社会经济很快得到了恢复。贞观初年，中原一带还是"茫茫千里，人烟断绝，鸡犬不闻，道路萧条"，到贞观中期，中原出现了牛马遍野、丰衣足食、夜不闭户、道不拾遗的升平景象，成为太平盛世。由于社会经济得到了恢复和发展，唐朝的国力日益强盛，为后来的开元盛世奠定了坚实的基础。

◎故事感悟

　　李世民为唐王朝的建立、巩固和兴盛作出了不可磨灭的贡献。他之所以能取得如此辉煌的成就，不仅因为他个人杰出的才能，更在于他团结在身边的一大批

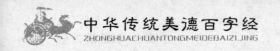
杰出的治国人才。李世民大力发掘、培养人才，爱才、惜才，并做到了放心大胆地使用人才。君明臣贤，他们共同创造了一段辉煌的盛世文明。

◎史海撷英

唐太宗恩马周

贞观二十二年（649年），宰相马周因为受到唐太宗的重用，一直为国事操劳，不幸积劳成疾，最后竟然一病不起。唐太宗见马周病倒了，便派当时医术最好的名医给马周医病，并且亲自为马周煎药，命皇太子李治以弟子礼去看望马周，希望他能早日康复。马周也想继续为大唐的发展壮大再多操劳几年，可惜他的身体已经到了无药可治的地步，最终因医治无效离开了人世，去世时只有48岁。

马周在临终之前，命家人将他这十几年给皇帝上的奏折统统烧掉，并说：春秋战国时的管仲和晏子因经常数落国君的错误而出名，我不想做这样的人。马周死后，唐太宗为他举行了规格很高的国葬，并特别允许马周的遗体陪葬在自己的皇陵中。

◎文苑拾萃

《马周谏言》节选

臣历睹前代，自夏、殷、周及汉氏之有天下，传祚相继，多者八百余年，少者犹四五百年，皆为积德累业，恩结于人心。岂无僻王，赖前哲以免尔！自魏、晋已还，降及周、隋，多者不过五六十年，少者才二三十年而亡，良由创业之君不务广恩化，当时仅能自守，后无遗德可思。故传嗣之主政教少衰，一夫大呼而天下土崩矣。今陛下虽以大功定天下，而积德日浅，固当崇禹、汤、文、武之道，广施德化，使恩有余地，为子孙立万代之基。岂欲但令政教无失，以持当年而已！且自古明王圣主虽因人设教，宽猛随时，而大要以节俭于身、恩加于人二者是务。故其下爱之如父母，仰之如日月，敬之如神明，畏之如雷霆，此其所以卜祚遐长而祸乱不作也。

唐玄宗放心用姚崇

◎任贤勿猜，可以兴矣。——《旧唐书》

> 　　唐玄宗李隆基（685—762年），又称唐明皇，是唐睿宗李旦的第三个儿子，712年至756年在位。唐玄宗开创了唐朝的鼎盛时期，但在其统治后期，朝政腐败，终于导致了长达八年的安史之乱，使唐朝逐渐衰落下去。

　　李隆基在东宫做太子的时候，其父唐睿宗软弱无能，太平公主干预朝政。宰相姚崇与宋璟等建议皇帝把公主迁到东都洛阳，把诸亲王分派到各地做刺史，这样可以加强皇权，巩固统治。睿宗居然把这话告诉了太平公主，公主大怒，上疏说姚崇离间宗室，请求加罪。姚崇被贬为申州刺史，后来转为同州刺史（今属陕西）。

　　李隆基即位，是为唐玄宗。他亲政后，亲自到新丰（今陕西临潼东北新丰镇）讲武。按照惯例，天子行幸到某地，方圆300里范围的地方官都要拜见陪同。姚崇到时，玄宗正在渭水边打猎，立即召见了他。

　　玄宗说："公懂得打猎吗？"

　　姚崇回答说："少年时学习过。20岁时，我在广成泽成天以唤鹰逐兽为业，贤人张景藏说我会当皇帝的辅佐之臣，让我不要自甘堕落，所以我才发奋读书。年轻时既然做过猎手，老来自然还会。"

　　玄宗很高兴，便与他一起驰逐打猎，姚崇的表现深得玄宗满意。打完猎，玄宗就向姚崇询问天下大事，他们越谈越投机，忘记了疲劳。最后，玄宗说："卿应当做宰相辅佐朕。"

姚崇知道玄宗确实有心励精图治，就先故意设置困难使他决心更坚定。他假装不谢玄宗，玄宗就责怪他。姚崇跪地奏道："臣愿意上奏几件事，陛下如若认为行不通，臣请辞谢不做宰相。"

玄宗说："请你说给朕听。"

姚崇说："垂拱（685—688年）年间以来，一直用严刑峻法，臣请求皇上行仁恕之道，可以吗？朝廷在青海损兵折将，还不思悔，臣请求暂时不要对边疆用兵，可以吗？佞臣亲信触犯法律，都因皇上宠爱而未受惩治，臣请求法治从陛下身边开始实行，可以吗？后妃临朝，国家言路被宦官把持，臣请求不要让宦官干预政治，可以吗？各地拿贡赋讨好上司，公卿大臣纳贿成风，臣请在租赋之外杜绝这些，可以吗？外戚贵族轮流任职，致使朝臣班序混杂，臣请不得任用外戚官属为台省之官，可以吗？先朝皇上对大臣褒狎无礼，君臣界限不严，臣请求陛下对臣子按礼数接待，可以吗？"

玄宗听后，知道姚崇确实是出于一片公心，深受感动，说："当然可以，朕能实行。"姚崇叩首称谢。第二天，玄宗拜姚崇为兵部尚书，同中书门下三品，封梁国公，迁紫微令。

玄宗自此一直十分器重姚崇。姚崇曾经在皇帝面前汇报所任命的部属吏官，玄宗左顾右盼，心不在焉，不说一句话。姚崇很害怕，再三进言，皇帝始终不回答。姚崇退朝后，宦官高力士说："皇帝刚刚即位，应该与大臣裁决是非。今天姚崇所说，陛下一直不回答，并不是虚怀纳谏的样子。"玄宗说："我任姚崇以大政，大事我才与他裁决。至于任用郎吏这样的小事，姚崇完全可以自决，还用麻烦我吗？"姚崇知道后就心安了。从此，姚崇进用贤良，退黜奸愚，天下大治。

◎故事感悟

李隆基即位之初，下决心励精图治，为此意欲提拔贤才姚崇为宰相。姚崇一心为公，提出几件利国利民的事作为自己任相的先决条件。君臣二人均以大局为重，合力为国，开创了唐朝的又一个盛世。君主识才、爱才，放心任用贤才，臣下公忠为国，必能迎来国家的兴盛。

◎史海撷英

李隆基诛杀韦后

武则天死后，唐中宗李显即位。中宗软弱无能，朝政大权落入韦皇后和安乐公主之手。原来发动政变恢复唐朝的功臣、宰相张柬之等人也被他们贬官驱逐，太子李崇俊被杀。韦皇后想效仿武则天的做法，自己做皇帝，因此便让自己的兄长韦温掌握大权，对女儿安乐公主的违法卖官鬻爵行为也不加制止，甚至大加纵容。

710年，中宗暴死，此时，一直静观其变的李隆基和姑姑太平公主抢先发动了兵变，率领御林军万余人攻占了皇宫，将韦皇后一派全部消灭。随后，由睿宗李旦重新即位，李隆基也因功而被立为太子。

◎文苑拾萃

忆昔（其二）

（唐）杜甫

忆昔开元全盛日，小邑犹藏万家室。
稻米流脂粟米白，公私仓廪俱丰实。
九州道路无豺虎，远行不劳吉日出。
齐纨鲁缟车班班，男耕女桑不相失。
宫中圣人奏云门，天下朋友皆胶漆。
百余年间未灾变，叔孙礼乐萧何律。
岂闻一绢直万钱，有田种谷今流血。
洛阳宫殿烧焚尽，宗庙新除狐兔穴。
伤心不忍问耆旧，复恐初从乱离说。
小臣鲁钝无所能，朝廷记识蒙禄秩。
周宣中兴望我皇，洒血江汉身衰疾。

忽必烈尚贤理中原

◎为高居者，当以恭贤、敬贤省之。——格言

忽必烈，即元世祖（1215—1294年），成吉思汗之孙，蒙哥汗（宪宗）弟，蒙古族，名字全称孛儿只斤·忽必烈，讳名呼必赉，拖雷正妻唆鲁禾帖尼的第二子（总第四子）。忽必烈是元朝的创始皇帝，庙号世祖，谥号圣德神功文武皇帝，蒙古语尊称薛禅皇帝，他也是第五代的蒙古大汗，1260—1294年在位。

元世祖还在潜邸时，就已经结识了当时的中原文士，熟悉中原汉地的情况。在他的王府中，聚集了一大批以汉族为主的知识分子，成为自己的幕僚，这为他以后治理中原打下了坚实的基础。

早在窝阔台担任大汗时就已投靠蒙古贵族的汉族知识分子窦默和姚枢等，先后被忽必烈招聘重用。窦默曾为忽必烈讲解三纲五常、正心诚意之说；姚枢则为忽必烈讲解儒家治国平天下之道。忽必烈在和林结识的僧人子聪（后赐名刘秉忠）是个于书无所不读、论天下事如指掌的人，由于他博学多才，善于出谋划策，所以深受忽必烈的重视。1250年，子聪向忽必烈上万言策，提出：治乱之道，系乎天而由乎人，以马上取天下，不可以马上治。因而主张改革当时的弊政，减赋税差役，劝农桑、兴学校等。

1242年，西京怀仁人赵璧也应召来到忽必烈身边。赵璧努力学习蒙古语，为忽必烈译讲《大学衍义》。1244年，赵璧引荐了金朝的状元王鹗到忽必烈的王府，为忽必烈讲解《孝经》、《尚书》、《易经》以及儒家的政治学和历史等，经常讲到深夜才结束。1247年，张文廉又被子聪推荐到忽必烈的王府，任王

府书记，并很快得到信任。1247年，史天泽的幕僚张德辉被忽必烈召见时，又推荐了名士元好问等20余人。

　　1251年，蒙哥即大汗位，便令忽必烈主管漠南汉地的军国庶事，从此，一些流落的儒生和地方军阀的门客便陆续来到了忽必烈的帐下。大约10余年间，在忽必烈周围就形成了一个幕僚集团。通过这个幕僚集团，忽必烈争取到了汉人地主、士大夫的支持。他们了解到忽必烈的确举良纳贤，便禁不住造舆论曰：今日能用士，而能行中国之道，则中国之主也！从此，前来投靠的人更是络绎不绝。

　　在蒙古和金朝的战争中，金朝一些据地自雄的大地主军阀也都纷纷投靠到蒙古。蒙古统治者为了笼络他们，加强自己的实力，便循其原来的官衔等级来给他们封官，授予他们行省、领省、大元帅之类的头衔，让他们世袭管辖原来的地盘，军民兼管。忽必烈总领漠南汉地后，继续对这些人采取拉拢和利用的方针。而一批北方汉族地主武装的头目也对忽必烈忠心耿耿，不管是在争夺帝位、铲除政敌，或灭亡南宋的战争中，都给予了忽必烈很大的帮助，从而赢得了忽必烈的信用。所以，他们后来都成为忽必烈手下的重要统军将领。

　　对于其他各族的上层贵族，忽必烈同样采取吸收和利用的政策。不花剌人赛典赤·赡思丁（一名乌马儿），其父苫马鲁丁很早就投靠了成吉思汗。在成吉思汗征战中亚时，赛典赤随从东来，担任宿卫。而窝阔台至蒙哥汗时，赛典赤又历任丰、净、云内三州的都达鲁花赤，以及太原、平阳二路达鲁花赤和燕京断事官等职。到忽必烈主管漠南汉地时，赛典赤更是受到了重用。忽必烈即位后，他任燕京宣抚使、吏户礼部尚书、大司农卿、中书省平章政事，后又出任陕西、四川行省平章。40余年，他在仕途上一直扶摇直上。

　　此外，畏兀儿人廉希宪、河西人高智耀等，也都是接受汉文化较深的少数民族人士，同样受到了忽必烈的重用。武将阿里海牙（畏吾儿人），忽必烈在潜邸时，即任宿卫，后来随忽必烈进攻南宋时也是屡立战功，并任湖广行省左丞相。

　　1254年夏，忽必烈驻扎在六盘山，命廉希宪代杨惟中为关西宣抚使，姚

枢为劝农使。廉希宪等人到任后，抑强扶弱，颇能注意民间疾苦。他还推荐许衡为京兆提学，教育人才，在郡县建立学校。窝阔台时，曾下令不得俘掠儒士为奴，而京兆豪强多不奉行。廉希宪便下令将俘掠之儒士一律释放，悉令著籍为儒。

◎故事感悟

　　凡历史上有作为的皇帝，基本上都能做到知人善任、唯才是举，元世祖忽必烈也是如此。他不拘一格广招人才，为他的天下一统奠定了牢不可破的基础！只有唯才是用、不拘资历，才能得到真正的人才！

◎史海撷英

忽必烈与阿里不哥争位

　　蒙哥汗去世了，他的三个弟弟：忽必烈、旭烈兀和阿里不哥中将有一位成为未来蒙古帝国的大汗。旭烈兀自1256年成为波斯汗后，因远离蒙古高原，故而没有要求继承大汗位。剩下的只有忽必烈和阿里不哥。阿里不哥作为幼子，当时已经成为蒙古国本土上的统治者，并在蒙古都城哈拉和林扎营。作为蒙古地区的统治者，他准备在蒙古召开库里勒台，以确保他被举为大汗。而忽必烈却抢在他之前行动了。忽必烈率军从武昌北上，在中原的开平上都府（位于今察哈尔和热河之间的多伦诺尔附近）建立大本营。早些时候，他只是在这里建起了他的夏季驻地。1260年6月4日，他在这里被他的军队拥立为大汗，时年44岁。

◎文苑拾萃

永遇乐

（元）刘秉忠

山谷家风，萧原作潇，据抄本改闲情味，只君能识。

会友论文，吟诗遣兴，此乐谁消得。

壶中天地，目前今古，今日还明日。

似南华蝶梦醒来，秋雨数声残滴。

诗书有味，功名应小，云散碧空幽寂。

北海洪尊，南山佳气，清赏今犹昔。

一天明月，几行征鹰，楼上有人横笛。

想醉中、八表神游，不劳凤翼。

朱元璋慕贤访朱升

◎苟有所见，虽布衣之贱，远守之微，亦可施用。——刘禹锡

朱升（1299—1370年），字允升，休宁人，元末（1367年）举乡荐，为池州学正，后弃官隐石门，学者称枫林先生。明初朱升被召为翰林学士，著作有《枫林集》十卷。

元朝末年，统治者的残酷压迫激起了人民的强烈反抗，各地义士纷纷举事。穷困的朱元璋投奔了红巾军，他勇敢机智，屡建奇功，逐渐成为独当一面的统帅。

当时的形势对朱元璋十分不利：他的地盘小，又四面受敌，处在农民军领袖张士诚、徐寿辉、小明王和元政府军的重重包围之中，随时可能被吃掉。如何才能走出困境，渡过难关呢？朱元璋迫切需要贤能的人来辅佐。

1357年，朱元璋率领义军打下了徽州（今安徽歙县），被百姓们迎进城里。一天饭后，朱元璋正与将士们闲谈，大将邓愈说："大帅不是想访求贤士吗？听说附近休宁有个朱升，饱览群书，很有远见，是一位很有名气的贤士，大帅何不去拜访他？"

朱元璋求贤若渴，当即决定动身前去拜访朱升。

有人却不以为然地说："山野之人，有何高见，何劳大帅亲临，把他请来就是了。"

朱元璋勃然变色，说："欲成大事必以礼贤为先，你难道没有听说过刘备三顾茅庐的故事吗？"

　　说完，他立刻带邓愈离开帅帐，拜访朱升去了。

　　朱元璋一行快马加鞭，约摸两个时辰后便来到了朱升的家门口。

　　朱元璋轻叩门环，见一位儒士出来开门，忙向前施礼道："请问，先生可是休宁名士朱升？"

　　儒士打量了朱元璋一番，只见他身着戎装，头裹红巾，腰佩宝剑，气宇轩昂，料定是红巾军的首领。于是答道："鄙人正是朱升，不知将军尊姓大名？"

　　邓愈忙上前一步介绍说："他就是攻克徽州的红巾军主帅朱元璋。"

　　朱元璋马上接着说："我本起自乡里，原也是个平民，为了推翻元朝的残暴统治，拯救百姓而举起义旗。久闻先生贤名，今特来拜访，并叩问大计。"

　　朱升听说眼前这位就是赫赫有名的朱元璋，连忙将他们让进屋里。

　　朱元璋见到朱升就像是见到了多年未见的老朋友，亲切地与之攀谈起来。朱升也觉得朱元璋平易近人，胸有大志，将来必成大业，于是也侃侃而谈。他对天下大势的分析入木三分，好多见解是朱元璋从未听过的，极为深刻。朱元璋听了连连点头称是。一番交谈之后，两人从相见到相知，从相知到相慕，大有相见恨晚之感。

　　最后，朱元璋就如何才能得天下问计于朱升。朱升早已洞悉了朱元璋的雄心壮志，沉思了片刻，答道："以鄙人之见，依元帅目前的处境，首要任务是巩固现有的地盘；利用短暂的安宁，抓住时机发展生产，屯积军粮，操练兵马，做好应付长期战争的准备。现在你的力量还不强大，要采取低姿态，千万不要与他们三强争夺地盘，避免成为众矢之的。记住，不要急于称王，尽量缩小目标，后发制人。元帅目前要谨记三句话：'高筑墙，广积粮，缓称王。'做到了这三条，元帅霸业可成。"

　　朱元璋琢磨良久后，大悟道："好一个'高筑墙，广积粮，缓称王'，先生真是一字千钧啊。操练兵马，整治战备，积蓄实力；奖励农耕，广积食粮；勿露锋芒，勿早树敌。先生的眼光实在是远啊！"

　　告辞时，朱元璋再三向朱升拜谢。

　　回去后，朱元璋立刻行动起来。为了解决军粮不足，朱元璋命康茂才负责兴修水利，开荒种地。几年以后，朱元璋再也不用为军粮发愁了。

朱元璋虽然四面受敌，但张士诚、徐寿辉、小明王他们并不是一条心，朱元璋分别遣使与他们通好。他还不失时机地逐渐消灭了元军的分散兵力和残余据点，扩大了地盘。

几个农民军领袖相继称王建立了政权，有人也劝朱元璋称吴王。朱元璋说："先称王的未必就能得天下。再说我还没有什么功绩和德行，即使称王，天下也不服啊！"

经过几年激烈的争斗，元军和那三支农民军力量消耗殆尽。相反，朱元璋的势力已经强大起来。他最终推翻了元朝，消灭了各地的割据势力，建立了明朝。

◎故事感悟

朱元璋为壮大实力、完成大业而求贤若渴，他的谦逊和爱才之心感动了贤士朱升，得到了成就大事的正确策略。朱升提出的策略也成为朱元璋最后取得天下的大战略。这个故事告诉我们，虚心求教、爱才重才是成就事业的关键。

◎史海撷英

"莫道石人一只眼，挑动黄河天下反"

元朝末年，政治腐败，黄河泛滥，民不聊生。元政府召集大量民工治理黄河，北方白莲教首领韩山童及其教友刘福通等决定借机行事。他们一面加紧宣扬所谓弥勒下生、明王出世等等，一面又广布民谣"石人一只眼，挑动黄河天下反"，并暗中凿刻一个独眼石人，埋在即将挖掘的黄陵岗附近的河道上。独眼石人挖出后，河工们惊诧不已，消息传出，大河南北，人心浮动。

至正十一年（1351年）五月初，韩山童、刘福通、杜遵道、罗文素、盛文郁、韩咬儿等，聚众3000人于颍州颍上（今安徽颍上），杀黑牛白马，誓告天地，举行起义。起义军头裹红巾为标志，故称红巾军。

从此，在红巾军及各地农民军的打击下，元朝的统治土崩瓦解。

朱元璋任贤成大业

◎智士者，国之器。——刘向

刘基（1311—1375年），字伯温，福建温州文成县南田人（旧属青田县），故时人称他刘青田；明洪武三年封诚意伯，人们又称他刘诚意；武宗正德九年被追赠太师，谥文成，后人又称他刘文成、文成公。刘基是元末明初军事家、政治家及诗人，他通经史、晓天文，精兵法，以辅佐朱元璋完成帝业、开创明朝并尽力保持国家的安定而驰名天下，被后人比做明代诸葛武侯。朱元璋多次称刘基为："吾之子房也。"在文学史上，刘基与宋濂、高启并称"明初诗文三大家"。

李善长（1314—1390年），字百室，定远（今属安徽）人，明朝开国功臣。元至正十四年（1354年），李善长经丁德兴推举投奔朱元璋幕下，参预谋划，备受信用。明朝建立后，李善长因言行不慎，被朱元璋以谋反罪诛杀。

　　元至正二十年（1360年），朱元璋率军攻取金华（今属浙江），平定括苍（今浙江丽水），听说了刘基的大名，于是就礼聘他出山。刘基没有答应，总制官孙炎又致书执意邀请，刘基才出山。

　　刘基来到应天（今南京），进呈时务策略十八条。朱元璋大喜，建筑礼贤馆来安顿刘基等人，尊崇的礼遇无微不至。

　　当初，朱元璋因为起义军领袖韩林儿自称是宋朝皇帝后裔，只得遥奉他为皇帝。大年初一，朱元璋在自己所在的地方为韩林儿设置御座，率文武僚属对御座行礼，而唯独刘基不肯下拜，说："一个牧羊儿罢了，奉戴他干什么！"刘基独自进见朱元璋，朱元璋询问征取天下的计策，刘基答道："在诸方势力中，张士诚是个仅求自保的奴才，目光短浅，不值得忧虑。陈友谅劫持主人胁迫属下，名号不正，又地据我们的上游，他的心里没有一天忘记吞灭我们，所以应先谋取陈友谅。陈氏一旦灭亡，张氏势单力孤，局势一举可定。然后北向中原，王业可成。"朱元璋很高兴，说："先生有奇谋妙计，但说无妨，千万别藏在腹中啊。"

正巧陈友谅攻陷太平，谋划东下，气势益发嚣张。诸将中有人建议投降陈友谅，有人建议逃往钟山，据险固守，而刘基只是瞪着眼睛一言不发。朱元璋召刘基进入内宫，刘基这才说道："主张投降以及出奔的人，罪该处斩。"朱元璋说："先生认为眼下有什么计策可施？"刘基说："贼寇骄狂，等他们深入，设伏兵半路截击，易如反掌。克敌制胜，成就王业，在此一举啊。"朱元璋采纳他的计策，引诱陈友谅前来，大败陈友谅。

其后，陈友谅的军队再次攻陷安庆，朱元璋想亲自带兵征讨，他征求刘基的意见。刘基完全赞成，于是出兵攻打安庆。从早到晚攻打了一整天，也没能打下安庆，刘基请求直接攻打江州，捣击陈友谅的老巢，朱元璋欣然采纳，率军撤围挥师西进。陈友谅毫无防备，大惊失色，率领妻子儿女逃奔武昌，于是江州归降朱元璋。陈友谅的龙兴守将胡美派儿子来归降，请求不要解散他的部队。朱元璋面有难色，刘基见状，从身后踢了踢朱元璋的坐椅。朱元璋恍然大悟，便答应了胡美的请求。胡美归降，江西诸郡都不战而降，朱元璋的势力大大扩张了。

李善长也是朱元璋得天下的主要功臣。李善长年少时读过一些书，很有智谋，熟习法家学说，谋划都能切中要害。朱元璋攻占滁州一带时，李善长前去拜见。朱元璋知道他是当地知名长者，留下他担任幕府书记的职务。

一天，朱元璋向其请教道："四面八方都在打仗，天下什么时候才能平定呢？"李善长回答说："秦末大乱，汉高祖以布衣起兵。他心胸开阔，很有气度，知人善任，不喜欢乱杀人，因此五年成就了帝王事业。如今元朝纲纪已经败坏，天下土崩瓦解，只要您效法刘邦的所作所为，天下不难平定。"朱元璋听后称赞他说得好，从此把他当做心腹，参预机密谋议。李善长筹划粮饷，制定战略非常能干，因此更得朱元璋的信任。

朱元璋的威名越来越大，众将前来投靠的，李善长考察他们的才干，荐举给朱元璋；又代朱元璋表达诚恳的心意，使众将都能安心。有时众将因事互相闹意见发生不合时，他耐心地为他们调解。郭子兴由于听信了流言蜚语，有一段时间对朱元璋起了疑心，夺去他的部分兵权，又想把李善长夺过去辅佐他。李善长坚决谢绝不去，因此朱元璋更加器重他。朱元璋屯军和阳，亲自率领军队攻打鸡笼山寨，只留下少数兵士帮助李善长留守和阳，元朝大将探听到那里的情况前往袭击，李善长设下埋伏击败了元军，朱元璋对他更是刮目相待。

朱元璋收编了元巢湖水军以后，李善长极力劝说他渡江攻占集庆（今南京），以作为自己发展的根据地，朱元璋接受了建议，先率军攻下采石，大军直逼太平，李善长事先书写好禁止军队掳掠的告示，并让将士们攻打下城池以后，马上张贴在大路两旁，因此朱元璋的军队纪律严明，没有人敢违反禁令。最后朱元璋终于攻占集庆，从而确定了自己的基础。

在准备夺取镇江的时候，朱元璋担心众将不能约束部下，因此假装发怒，对以前有违反军纪的要重处他们，而李善长出面营救才得以赦免。所以占领镇江以后，朱军军纪严明，百姓还不知道有大军到来。以后朱元璋成为江南行中书省平章，他任用李善长为参议。当时宋思颜、李梦庚、郭景祥等人都为中书省的属官，然而军机进退、赏罚章程大都由李善长决定。枢密院改为大都督府后，李善长兼任大都督府司马，后又提升为行省参知政事。日后，李善长成为明初重臣之一。

◎故事感悟

朱元璋的求贤之心为他赢得了不少杰出的人才。他知人善任，给了李善长、刘基等优秀人才充分发挥才能的空间，这也使他的事业一步步走向成功。朱元璋的故事告诉我们，选人与用人同等重要，两者不可偏废。

◎史海撷英

鄱阳湖之战

1363年7月，陈友谅与朱元璋在鄱阳湖中进行了一次生死存亡的大决战。在这次决定胜负的一战中，刘基始终和朱元璋在一条船上参与军机，运筹帷幄。

一次，刘基忽然发现湖面上水鸟惊飞，便预知这是陈友谅的船队正集中力量向朱元璋的指挥船开火。在这千钧一发之际，他立即拉起朱元璋转到另一条船上。当他们还未坐定时，原来那条船已被陈友谅的火炮打得粉碎了。当时陈友谅见朱元璋的指挥船已被打沉，简直是大喜过望。不料朱元璋仍在另一条船上指挥战斗，士兵也越战越勇，最后大败陈友谅。陈友谅也在这次水战中战败而死。这次战争是我国历史上以少胜多、以弱胜强的著名战例，史称鄱阳湖之战。

◎文苑拾萃

旅兴

（明）刘基

倦鸟冀安巢，风林无静柯。

路长羽翼短，日暮当如何？

登高望四方，但见山与河。

宁知天上雨，去去为沧波。

慷慨对长风，坐感玄发皤。

弱水不可航，层城岌嵯峨。

凄凉华表鹤，太息成悲歌。

ZHONGHUACHUANTONGMEIDEBAIZIJING

中华传统美德百字经

贤·举贤惜才

第三篇

化敌为友，唯才是举

刘秀对投降将士推心置腹

◎人才难得又难知，就要爱惜人才，就要用人不疑。——周扬

更始帝刘玄（？—25年），字圣公，南阳蔡阳（今湖北枣阳县西南）人，两汉之际被绿林军拥立为皇帝。刘玄原本是西汉皇族，祖父为苍梧太守刘利，父刘子张，母何氏。刘玄是汉朝光武帝刘秀的族兄。

西汉末年，王莽篡政，建立新朝。他倒行逆施，导致天下大乱，各地农民纷纷起义，讨伐王莽。

新朝地皇三年（22年），绿林农民军起义爆发，刘秀的族兄刘玄加入陈牧领导的平林兵。23年，绿林军诸部合兵击破新朝将领甄阜、梁丘赐，推举刘玄为更始将军。

因为刘玄是汉朝宗室，同年二月便被绿林军拥立为帝，建元更始。刘玄恢复汉朝国号，自称玄汉王朝。此时，刘秀在名义上还只是刘玄手下的一个将领。

刘玄虽然称帝，但是位子并不牢靠，不光王莽老派兵打他，他手下的将领也不全听他的。于是，刘玄想了一招——通过大封宗室来收拢人心。刘秀屡立战功，又是刘玄的族人，于是就被刘玄封为"萧王"。

刘秀被封为"萧王"时，正在跟另一草莽英雄王郎斗争。王郎本是个算命的，看到天下大乱，就拉了一帮宗室豪强，盘踞河北，定都邯郸，也自称汉帝。刘秀和王郎在河北省中南部的滹沱河、滏阳河一带展开大战。

战争中，刘秀渐渐取得优势。24年秋，刘秀率兵攻打王郎于邬（今河北

辛集市东南），大破之，王郎的部将渠帅和不少士兵都投降了。刘秀封渠帅为列侯，但双方毕竟打了这么多年，投降的士兵并不很放心，担心刘秀报复。

刘秀很快获悉这一情况，为使降将降兵放心，决定采用安抚之计。他令降将各归其本部，统领原来的兵马，而刘秀本人则不带保镖，一个人骑着马，往降兵的营区走去。

降兵一看来了个骑马的大官，都围上来看，心想这是谁啊？仔细一看，这不是打败了自己的"萧王"吗？他怎么一个人大摇大摆地来我们这里巡查？难道不怕我们杀了他吗？

虽然大家心里都感到很疑惑，但这番举动也使他们知道了刘秀对他们没有戒备心理，把他们当成了自己人了，这下投降的兵将就放心了。那些将领们说："萧王将自己的一颗赤心放在了我们的肚子里，我们还能不忠心于他吗？"从此，这些人成了刘秀的可靠力量，为刘秀扫平群雄、重兴汉朝立下了汗马功劳。

◎故事感悟

刘秀针对新投降自己的人并不安心的现实情况，他给予对方充分的信任。他的宽仁之德、爱才之心消除了对方的疑虑，使他们成为了自己的可靠力量。这个故事告诉我们，充分的尊重和信任是获得人才、让人才发挥好作用的必要前提。

◎史海撷英

疾风知劲草

刘秀在起兵路过颍阳时，王霸曾与一群朋友去投靠。刘秀豪情盖天地说："梦想贤士，共成功业，岂有二哉！"此后，王霸便忠心耿耿地追随刘秀。刘秀在河北邯郸和王郎作战时，遭遇到了重大的挫折。在危急时刻，随王霸一道投奔刘秀的人都纷纷溜走，只有王霸留在他身边，刘秀便对王霸说："颍川从我者皆逝，而子独留，始验疾风知劲草。"

◎文苑拾萃

谒汉世祖庙

（唐）刘希夷

春陵气初发，渐台首未传。

列营百万众，持国十八年。

运开朱旗后，道合赤符先。

宛城剑鸣匣，昆阳镝应弦。

犷兽血涂地，巨人声沸天。

长驱过北赵，短兵出南燕。

太守迎门外，王郎死道边。

升坛九城陌，端拱千秋年。

朝廷方雀跃，剑佩几联翩。

至德刑四海，神仪翳九泉。

宗子行旧邑，恭闻清庙篇。

君容穆而圣，臣像俨犹贤。

攒木承危柱，疏萝挂朽橡。

祠庭巢鸟啄，祭器网虫缘。

怀古江山在，惟新历数迁。

空余今夜月，长似旧时悬。

曹操厚待仇敌

◎役其所长，则事无废功；避其所短，则世无弃材矣。——葛洪

张绣（？—207年），武威祖厉（今甘肃靖远）人，东汉末年割据宛城的军阀，汉末群雄之一。

陈琳（？—217年），字孔璋，广陵射阳（今江苏省扬州市宝应县射阳湖镇）人，东汉末年著名文学家，"建安七子"之一。

曹操生于乱世，以统一天下为己任，十分重视选拔人才。即使是那些跟自己有深切仇恨的人，只要真有才能，能为己所用，曹操也不计前嫌，予以重用。

197年春季，曹操军与地方豪强张绣发生战争。张绣不敌，率全军投降。曹操被张绣叔叔张济的遗孀吸引住，将她纳至身边，张绣很是恼火，不能忍受这种羞辱。而曹操对张绣的勇将胡车儿又特别喜爱，送给胡车儿很多金银财物。张绣得到消息，以为曹操要利用胡车儿消灭自己，惊疑恐惧。张绣秘密行动，向曹操军营发动了猛烈突袭，曹操长子曹昂以及一个侄子都被杀死。曹操被流箭射中，大败逃走。校尉典韦断后，跟张绣死战。典韦左右卫士死伤将尽，他身上受伤数十处。张绣部队冲上去，准备生擒，典韦双手抓住两人，奋力搏击，瞪目怒骂，最后被杀。

曹操收集残兵败将退回舞阴。张绣遂率军追击，曹操迎战，击破了张绣军的攻势。张绣回保穰城（今河南省邓州市），又归附了荆州牧刘表。

后来，曹操进攻张绣，把张绣所在的穰城团团围住。刘表援军抵达，

驻屯安众，据守险要，切断了曹操退路。曹操军腹背受敌，情势紧张，遂乘夜另行开凿险道，假装逃走，并在路上埋伏了军队。刘表及张绣率所有的部队追击，曹操军反扑，伏兵又起，步兵跟骑兵，前后夹攻，大破刘表及张绣联军。

199年，张绣听从贾诩的建议，再次向曹操投降。张绣到达后，曹操丝毫不追究以前的事情，他牵着张绣的手，一起参加宴会，为自己的儿子曹均娶了张绣的女儿，并封张绣为扬武将军。

200年，张绣参加了官渡之战，力战有功，升为破羌将军。205年，张绣跟随曹操在南皮击破袁谭，再次增加食邑，一共2000户。当时天下户口剧减，10户才留下一户，许多将领的封邑没有达到1000户，唯独张绣特别多。

207年，张绣跟随曹操去柳城征讨乌桓，还没有到达就死了，被谥为定侯，儿子张泉继承了职位。

曹操与陈琳的故事也较为有名。在汉末动荡的形势下，陈琳避难至冀州，入袁绍幕。袁绍的军中文书，多出自陈琳之手。后来，袁绍与曹操爆发了一场大战。战前，陈琳为袁绍出师写下了著名的《为袁绍檄豫州文》，文章从曹操的祖父骂起，一直骂到曹操本人，贬斥他是古今第一"贪残虐烈无道之臣"，语言极其恶毒。曹操让手下念这篇檄文时正犯头痛病，听到要紧处不禁厉声大叫，惊出一身冷汗，头竟然不疼了。

官渡一战，袁绍大败，陈琳也被曹军俘获。曹操对那篇火力凶猛的檄文还耿耿于怀，便问陈琳："你骂我就骂我吧，为何要牵累我的祖宗三代呢？"陈琳的回答言简意赅："箭在弦上，不得不发耳！"曹操听了呵呵一笑，便不再计较。曹操不仅不追究陈琳的罪过，还任命他为自己掌文书。后来，曹操的许多文书都出自陈琳之手。曹操的宽宏大量，也让他又获得了一位出色的人才。

◎故事感悟

作为一代豪杰，曹操能以宽广的胸怀重用各种人才，甚至是与自己有刻骨仇

恨的人。他的眼光和心胸非常人可比，<u>因此在他身边也形成"猛将如云，谋士如雨"的局面。</u>

◎史海撷英

曹操治京城

灵帝熹平三年（174年），20岁的曹操被举为孝廉，入洛阳为郎。不久，他又被任命为洛阳北部尉。洛阳为东汉的都城，是皇亲贵族的聚居之地，因此很难治理。曹操刚一到职，就申明禁令、严肃法纪，造五色大棒十余根，悬挂在衙门左右，称"有犯禁者，皆棒杀之"。皇帝宠幸的宦官蹇硕的叔父蹇图违禁夜行，曹操毫不留情，用五色棒将蹇图处死，于是，"京师敛迹，无敢犯者"。但是，曹操也因此得罪了蹇硕等一些当朝的权贵。后来碍于其父曹嵩的关系，曹操明升暗降，被调到远离洛阳的顿丘（今河南清丰），任顿丘令去了。

◎文苑拾萃

建安风骨

"建安"为汉献帝年号（196—220年），文学史上的建安时期是指建安至魏初的一段时间。曹氏三父子是建安文坛的领导人物，其作品在反映社会动乱和民生疾苦的同时，还表现了统一天下的理想和壮志，有着鲜明的时代特色。政治理想的高扬、人生短暂的哀叹、强烈的个性、浓郁的悲剧色彩，这些特点构成了"建安风骨"这一时代风格。

与此同时，"建安七子"（孔融、陈琳、王粲、徐干、阮瑀、应玚、刘桢）的作品也继承了汉乐府民歌的现实主义传统，普遍采用五言形式，以风骨遒劲而著称，并具有慷慨悲凉的阳刚之气。这也是"建安风骨"的重要组成部分。

曹氏父子都爱好文学，也喜欢招揽文士，因此在他们的周围聚集了众多作家，从而掀起了文学创作的一个高潮。

张嶷恩信服叟夷

◎才有长短，取其长则不问其短；情有忠伪，信其忠则不疑其伪。——王安石

张嶷（194—255年），字伯岐，巴西郡南充国（今四川南部县）人。张嶷先为马忠部属，拜为牙门将，诸葛亮南抚夷越之后，张嶷出任越嶲太守。张嶷到任，恩信并举，"和"、"抚"同施，蛮夷皆服，政通人和，"邦域安穆"。255年，张嶷在越嶲长期生活患了风湿病，被召回成都，"扶杖然后能起"，病情十分严重，但他仍然要求上战场，讨伐魏国，"杀身以报"，"后主慨然为之流涕"。张嶷在随姜维北伐时，捐躯疆场。

张嶷是三国时蜀国人，20岁时就做了县里的功曹，负责人事工作。刘备平定蜀中时，有一伙强盗来攻打县城，县令抛弃家眷逃跑了，而张嶷却冒着生命危险，救出了县令夫人。从此他的英雄事迹家喻户晓，州里长官为此召见他，并任命他为从事史。

诸葛亮平定南中之后，越嶲郡一个叫叟夷的部落还是多次叛乱，曾连续杀害了当地太守，从此派往当地的太守不敢到郡上任，因而这一郡只是徒有虚名而已。后来，朝廷决议重新恢复过去的统治，任命张嶷为越嶲郡太守。

张嶷毫不畏惧，带领随从前去赴任。他为人细心谨慎，又十分大胆，处事得体，相信自己一定可以安抚当地人。到了所在地后，他知道采取强硬措施只会激起当地人的对抗情绪，于是就努力用自己的行为给百姓树立榜样，广施恩惠，处事讲求信誉，以此劝导百姓。不久后，当地少数民族各部落就都十分敬重他，大多前来归附。各族人民和睦相处，出现了前所未有的安定祥和的景象。

当时，越巂郡的北部边境上居住着一支少数民族，叫做捉马。他们个个勇猛剽悍，当地人都害怕他们，他们也因此不服从官府的法令，不时惹是生非。张嶷只好带兵前去讨伐，很快就活捉了他们的头领魏狼。为了长久的和平，张嶷又将魏狼释放了，并且当众警告了他。

张嶷的宽大让魏狼十分感动，回去后就开始聚集族人，决定遵守太守的法令，与其他部落和平相处。张嶷上表朝廷，请求皇上任命魏狼为县令，让他的族人大约3000余户都在那里定居下来，各司其职，安居乐业。其他部落知道后，都纷纷前来归降，服从政府领导，越巂郡又恢复了和平安定的局面。

张嶷治理越巂郡15年，使得那里秩序井然，百姓生活安定，一片繁荣景象。他离任时，当地各族人民舍不得让他走，送他的时候，都扶着车轮大哭，一直追随他到达蜀郡，还有100多个部落首领随他上朝拜见蜀汉君王。

◎故事感悟

张嶷宽仁爱民，对于叛乱的人也努力做到以德服人，化敌为友，维护了地区稳定，促进了当地经济社会的发展。

◎史海撷英

蜀锦

蜀锦是指四川省成都市所出产的锦类丝织品。蜀锦起源于战国时期，距今已有2000多年的历史了。蜀锦织造技艺也是我国国家级的非物质文化遗产之一。因历史悠久、工艺独特，蜀锦也有中国四大名锦之首的美誉。汉朝时期，蜀锦的织造业已十分发达，为此朝廷在成都设有专管织锦的官员，因此成都被称为"锦官城"，简称"锦城"；而环绕成都的锦江，则因有众多民众在其中洗濯蜀锦而得名。

诸葛亮在治蜀时曾大力发展当地的蜀锦制造，出口蜀锦换来的财富也成为蜀国重要的财政来源。

蜀道难

（唐）李白

噫吁嚱，危乎高哉！

蜀道之难，难于上青天！

蚕丛及鱼凫，开国何茫然。

尔来四万八千岁，不与秦塞通人烟。

西当太白有鸟道，可以横绝峨眉巅。

地崩山摧壮士死，然后天梯石栈相钩连。

上有六龙回日之高标，下有冲波逆折之回川。

黄鹤之飞尚不得过，猿猱欲度愁攀援。

青泥何盘盘，百步九折萦岩峦。

扪参历井仰胁息，以手抚膺坐长叹。

问君西游何时还，畏途巉岩不可攀。

但见悲鸟号古木，雄飞雌从绕林间。

又闻子规啼夜月，愁空山，蜀道之难，难于上青天！

使人听此凋朱颜。

连峰去天不盈尺，枯松倒挂倚绝壁。

飞湍瀑流争喧豗，砯崖转石万壑雷。

其险也如此，嗟尔远道之人胡为乎哉！

剑阁峥嵘而崔嵬，一夫当关，万夫莫开。

所守或匪亲，化为狼与豺。

朝避猛虎，夕避长蛇，磨牙吮血，杀人如麻。

锦城虽云乐，不如早还家。

蜀道之难，难于上青天！侧身西望长咨嗟。

李世民重用魏征

◎忠贤既用，奸邪自息。——胡居仁

> 魏征（580—643年），字玄成，巨鹿人（今河北邢台市巨鹿县人，又说河北晋州市或河北馆陶市）人，唐朝政治家。曾任谏议大夫、左光禄大夫，封郑国公，以直谏敢言著称，是中国史上最负盛名的谏臣。

唐初的"贞观之治"是人们广为称道的盛世之一，它的形成也是多种因素共同作用的结果。如果说唐太宗李世民的开明有为和知人善任是构建"贞观之治"的重要基础，那么，魏征的直谏则为其提供了不可或缺的特别助力。

魏征从小父母双亡，家境贫寒，但他喜爱读书，不理家业，曾出家当过道士。隋朝末年，由于统治者的残酷压榨和无休止的对外战争，爆发了大规模的农民起义。隋大业末年，魏征被隋武阳郡（治所在今河北大名东北）丞元宝藏任为书记。元宝藏举郡归降瓦岗军李密后，魏征又被李密任为元帅府文学参军，专掌文书卷宗。在义军中，魏征想用自己的一腔热血和智慧去建功立业，但终因客观条件的限制，其文韬武略难以得到施展。

唐高祖武德元年（618年），李密失败后，魏征随其入关降唐，但很久都得不到重用。次年，魏征自请安抚河北，获准后，便乘驿驰至黎阳（今河南浚县）。不久，窦建德攻占了黎阳，魏征被俘。窦建德失败后，魏征又回到长安，被太子李建成引用为东宫僚属。魏征发现太子与秦王李世民之间的冲突日益加深，便多次劝李建成应该先发制人，及早动手杀掉李世民。

玄武门之变后，李建成被诛，李世民厉声喝问作为先太子僚属的魏征：

"你挑拨离间我们亲兄弟的关系，是何居心？"面对殿前武士的巨斧利刃，魏征毫不畏惧，慷慨陈词："如果先太子听从我的劝告，就不会出现今天的结局。"这不能不让人在赞叹他的忠贞耿介之心的同时，也强烈地感受到了他对自己怀才不遇、壮志未酬的愤懑和遗憾。李世民因早就器重他的胆识才能，非但没有怪罪于他，还让他任谏官之职，并经常引入内廷，询问政事得失。

李世民之所以不计前嫌，重用魏征，除了看中魏征所具有的忠贞不贰、直言敢谏的品格和贯通古今的才学之外，更重要的是他心里清楚，自己刚刚登上皇位，国家也是百废待兴，如果没有一批有真才实学、敢讲真话的"左膀右臂"来支持辅佐他，他最终也会一事无成。从这个意义上来说，李世民重用魏征是顺应了时代发展的要求，为他开创千秋大业而作出的历史性选择。

自从被李世民授任为谏议大夫起，魏征在此后十几年的御前生涯中竭诚地辅佐李世民，而且知无不言、言无不尽。他性格耿直，往往据理抗争，从不委曲求全。魏征先后曾向李世民谏陈200多次，而且多被采纳并付诸实施。

当然，也有的人嫉妒魏征的才学和地位，说他侍奉过的三个主子都先后灭亡了，借此挑拨李世民不要重用他。李世民则反驳说，那并不是魏征的错，而是因为那三人未能正确地使用魏征。

1000多年前的燕赵之士魏征，经过历史长河的冲刷和淘洗，愈发显示出夺人光芒。无论是他"民惟邦本，本固邦宁"的民本思想还是他"载舟覆舟，所宜深慎"的治国理念，无论是他"兼听则明，偏信则暗"的哲人睿思还是他"创业难，守成尤难"的至理名言，都给后人留下了宝贵的精神财富和深刻的历史启示。

◎故事感悟

李世民的爱才之心、纳谏之德无人可比。对于原属敌方阵营、曾力主杀掉自己的魏征，他并没有粗暴报复，以逞一时之快。他的爱才之心使他发现了魏征的突出才能和正直品质，并予以重用。魏征忠心为国，为"贞观之治"的出现立下了不朽功勋。君臣二人的优秀品质都值得人们赞扬和学习。

◎史海撷英

"人镜"

魏征病逝家中，唐太宗亲临吊唁，痛哭失声，并说："夫以铜为镜，可以正衣冠；以古为镜，可以知兴替；以人为镜，可以明得失。朕常保此三镜，以防己过。今魏征殂逝，遂亡一镜矣。"

◎文苑拾萃

谏太宗十思疏（节选）

（唐）魏征

臣闻：求木之长者，必固其根本；欲流之远者，必浚其泉源；思国之安者，必积其德义。源不深而望流之远，根不固而求木之长，德不厚而思国之安，臣虽下愚，知其不可，而况于明哲乎？人君当神器之重，居域中之大，将崇极天之峻，永保无疆之休，不念居安思危，戒奢以俭，德不处其厚，情不胜其欲，斯亦伐根以求木茂，塞源而欲流长者也。

译文：

我听说，要想使树木生长得茂盛，必须稳固它的根部，因为根深方能叶茂；要想水流潺潺，流得远，必须疏通它的源头，源远才能流长。同样的道理，如果想使国家安定，统治稳固，就必须积聚道德和仁义，缓和与百姓间的矛盾。反之，泉源不深却要它流长，根不牢固却要树长得茂盛，德义不厚却想使国家安定，我虽然无知，也知其不可能，更何况像您这样的明君呢！作为统治天下的国君，如果不居安思危、戒奢以俭，从长远利益出发，那就等于是砍断了树根还希望树木茂盛，堵了泉源还要流水畅通啊！

岳飞收服杨再兴

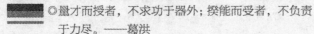
◎量才而授者，不求功于器外；揆能而受者，不负责
于力尽。——葛洪

> 杨再兴（？—1140年），南宋抗金名将，初为流寇，后成为岳家军的骨干，为岳飞破伪齐立下大功，并大破金兀术于郾城下，该战役史称"郾城大捷"。

南宋王朝初建时，北方有金兵威胁，南方则有溃兵盗匪作乱，宋高宗赵构大感头痛。

在南方危害最大的，是湖南巨寇曹成。曹成旗下兵匪多达10余万人，先屯兵衡山，后据攸县，抢掠了安仁县后又攻陷道州（今湖南道县），其势力甚至达于广西。曹成多次假意接受南宋政府招安，捞够好处后又迅速反叛，赵构不得不调动抗金的精锐部队——岳家军前往威慑招安。其时，岳家军已败李成，降张用，收复江西，一连串辉煌战绩，使不可一世的曹成一听到岳家军的威名就落荒而逃，其主力从道州转至贺州，并加固城防工事，龟缩其中。

绍兴二年（1133年）闰四月初，岳家军与曹成在贺州螺石乡太平场布防的3万贼军遭遇。双方对峙阶段，岳飞故意把抓获的曹军探子缚于军帐外，而后向部将下令，因军粮不足，拟秘密回师茶陵（今湖南茶陵县）休整，然后又装做看守不严，使偷听了"军情"的曹军探子得以逃回太平场向曹成报告。曹成对这个情报深信不疑，下令部下好好休息，来日岳家军撤退时再追击。趁着曹军松懈，岳飞当晚率一支精兵，取道绕岭，飞兵奇袭太平场大营，曹军大乱而溃退。

曹成逃进桂岭县（今为贺州市八步区桂岭镇），在北藏岭等地重新布防。闰四月十二日，岳家军兵临北藏岭，与曹成贼军展开第二场大战。

尽管岳家军以军纪严明、英勇善战、忠于朝廷著称，但也有极少数败类混迹其中。攻下莫邪关后，岳家军第五将韩顺夫放松警惕，解掉马上的鞍鞯、脱掉身上的盔甲，掳掠当地美女陪他喝酒。不料，曹军猛将杨再兴率兵杀入韩顺夫的兵营。衣冠不整的韩顺夫不及出手，就已被杨再兴砍掉了一只胳臂，亡于帐中。杨再兴往来驰骋，如入无人之境。韩顺夫旗下兵马慌乱中放弃胜利果实，退出刚刚到手的莫邪关。

岳飞下令副将王某必须活捉杨再兴，但也知杨再兴并非等闲之辈，又调动旗下名将张宪、王经攻打莫邪关。杨再兴果然骁勇过人，轻易击败副将王某，张宪、王经出战亦不能胜。岳飞之弟岳翻出阵，往来交战不过数个回合，竟死在杨再兴手上，以身殉职。

岳飞失去唯一的亲手足，自是悲痛不已，但没有因此失去理智而胡乱下令，依然按照原定战略，沉着指挥官兵作战。只一个杨再兴当然无力回天，在岳家军奋勇进攻之下，曹军屡战屡败，死者过万，曹成只好收拾残兵，退守蓬岭。闰四月十五日，岳飞号令官兵一鼓作气、全力冲锋。占据有利地势、居高临下的曹军竟如惊弓之鸟，惊惶四散。曹成压制不住溃退的部众，只好带头逃命。岳家军乘胜追击，又于四月十六日攻入桂岭县城，夺取了曹成大寨。曹成与部分残兵败将一溜烟逃到了连州（今广东连州市）。岳家军以少胜多，大获全胜，威名所及，贼党丧胆。

杨再兴早就对逃字当头的曹成心怀不满，又见岳家军沙场奔突、精忠报国，都是神勇之师，更是心生波澜。蓬岭之战失败后，杨再兴没有跟随曹成逃往连州，单骑走静江。途中，伏兵突出，杨再兴坐骑惊慌，跳入山涧。他从涧中爬起，已是无处可逃。伏兵包围中，杨再兴倒没有逞凶，束手就擒。《三朝北盟会编》记载："再兴走至静江界，中官军涧中。官军欲杀之，再兴曰：'我是好汉，当执我见岳飞！'"

押送杨再兴回到贺州后，张宪力劝岳飞将杨再兴帐前斩首，以祭岳翻英灵。但岳飞胸襟广阔，以抗金为重，认为将才难得，乃不计个人恩怨，慨然为杨再兴松绑，连连称其为"老乡"，又赞其为"壮士"，劝其"以忠义报国"。

杨再兴大为感动，拜谢岳飞的不杀之恩、知遇之恩。从此，杨再兴便留在岳飞麾下，赤胆忠心，北上抗金，屡建奇功，成为一代名将。

绍兴十年（1140年），金太祖完颜阿骨打第四子完颜兀术率12万金兵逼近临颍（今河南漯河市临颍县），杨再兴率300骑巡逻，遇敌于小商桥。杨再兴部杀金兵2000余人及万户撒八孛堇、千户百人，可惜寡不敌众，最后全军覆没，杨再兴亦死于乱箭之下。《宋史》记载："再兴战死，后获其尸，焚之，得箭镞二升。"如此英烈，令人千年之后仍感慨不已。

◎故事感悟

杨再兴虽落草为寇，却仍有一腔热血与豪气。岳飞以保国安民为己任，以尊才、爱才之心收服了杨再兴。杨再兴不负重托，成为岳飞的左膀右臂，奋力杀敌，最终为国壮烈牺牲。岳飞的爱贤惜才之心成就了一代勇将杨再兴，近千载之后，仍令人感喟不已。

◎史海撷英

郾城大捷

宋高宗绍兴十年（1140年），金朝不顾与大宋的约定，擅自撕毁和约，再次以兀术为统帅，兵分四路大举进犯。岳飞奉命坐镇郾城，指挥宋军积极抗金。

兀术得到郾城兵少的消息，亲率1.5万精锐骑兵突袭郾城。当时岳飞手下只有背嵬军和部分游奕军，岳飞首先命令岳云率领背嵬军和游奕马军首先出城应战，他对岳云说："必胜而后返，如不用命，吾先斩汝矣。"岳云挥动两杆铁槌枪率背嵬军直贯敌阵。在岳云的骑兵打败金军的第一批骑兵后，金军后续的10万步兵也全部开入战场，岳家军与金军开始全军接战。杨再兴要活捉兀术，单骑冲阵，杀金军百余人，自身受伤几十处仍然战斗不止。

在战斗最激烈的时刻，岳飞亲自率40名骑兵突出阵前。都训练霍坚急忙上前挽住岳飞的战马，说："相公为国重臣，安危所系，奈何轻敌。"岳飞用马鞭抽在霍坚的手上，大声说"非尔所知"，便跃马驰骋到敌阵之前，左右开弓，箭无虚发。全军见状，士气大振，就连担任参谋的文官幕僚也都参加到战斗当中，并立有战功。

在相持胶着后，金军将最精锐的重甲"铁浮图"骑兵投入战斗。岳飞便令手持大斧、大刀的步兵上阵，专砍马腿。全军奋击，杀得金军尸横遍野，溃退而去。

◎文苑拾萃

满江红

（宋）岳飞

怒发冲冠，凭栏处，潇潇雨歇。

抬望眼，仰天长啸，壮怀激烈。

三十功名尘与土，八千里路云和月。

莫等闲，白了少年头，空悲切。

靖康耻，犹未雪；

臣子恨，何时灭？

驾长车，踏破贺兰山阙。

壮志饥餐胡虏肉，笑谈渴饮匈奴血。

待从头，收拾旧山河，朝天阙。

康熙重用施琅收复台湾

◎人既尽其才，则百事俱举；百事举矣，则富强不足谋也。——孙中山

施琅，（1621—1696年），字尊侯，号琢公，福建晋江龙湖衙口村人，祖籍河南固始县，是明末清初军事家，明郑降清将领，封靖海侯，谥襄庄，赠太子少傅。

1661年，民族英雄郑成功从荷兰殖民者的手中收回了宝岛台湾，结果不久后就病逝了。其子郑经继位，继续治理台湾，与大陆上的清王朝分庭抗礼。康熙帝曾多次招抚不成，便下决心用武力解决台湾问题。1681年，郑经突然病故，他的儿子郑克塽继任王位，台湾内部也开始发生内讧，康熙帝决定此时起用施琅攻打台湾。

施琅原本是郑成功的得意爱将，后来降清。1663年，康熙帝曾命施琅出任福建水师提督，征讨台湾。施琅两次出海，均遇上台风，无功而返。为此，朝内的一些大臣对他产生了怀疑，认为他根本无心攻台。但康熙帝力排众议，仍然对施琅委以军政全权。1683年，施琅取得了海战大捷，台湾收归清朝。不久，康熙设置了台湾府，隶属福建省，并派重兵戍守。

台湾与祖国大陆的统一是一件大事，施琅也因此立了大功。康熙帝将台湾的归附看做是施琅为清朝"扫数十年不庭之巨寇，扩数千里未辟之遐封"。他在施琅封侯的"制诰"中，称赞他"矢心报国，大展壮猷，筹划周详，布置允当，建兹伟伐，宜沛殊恩"。

1664年，刚刚降清的施琅就曾建议率兵"进攻澎湖，直捣台湾"，使"四

海归一，边民无患"。几年后，他又上《边患宜靖疏》和《尽陈所见疏》，强调只有迅速讨平台湾才能使"民生得宁，边疆永安"。"当乘其（指台湾郑氏政权）民心未固、军情尚虚"时，进军澎湖、台湾，使"四海归一"。

施琅的主张提出后，康熙帝马上就调他到北京面陈收复台湾大计。

然而，当时的清政府正面临着"三藩之乱"，再加上八旗精锐不善海战，朝中的不少大臣认为海峡"风涛莫测，必难致胜"，因此不主张武力平台。1664年左右，施琅又两次跨海征台未果，被康熙帝免去了福建水师提督的职务，改授内大臣。在京期间，施琅一边继续上书征台，争取康熙帝的支持；一边广交朝中的大臣，争取他们对统一台湾事业的理解和支持。在内大臣任上，施琅一等就是13年。

1681年，主治台湾的郑经去世，诸子争位，郑氏家族内部矛盾开始激化。清政府恰好也在这一年平定了"三藩之乱"，可以腾出空来考虑平台的问题了。

而这一次，也是施琅复出的契机。

康熙帝深知平台不是一件容易的事，早在康熙十七年他就要姚启圣等遴选福建水师提督，条件"非才略优长，谙练军事不可"。据此，姚启圣便力荐施琅。然而此次施琅重新得到起用，却与施琅的同乡大学士李光地有很大的关系。

据《清史稿》记载，康熙帝曾先后两次就福建水师提督的人选问题征求过李光地的意见。第一次，李光地答以施琅"海上路熟，海上事他亦知得详细，海贼甚畏之"。第二次，康熙又就"命将"问题再一次征求他的意见，他认为"计量起来还是施琅"，理由是施琅与台湾郑氏是"海上世仇，其心可保。又熟悉海上情形，其人还有谋略，为海上所畏"。在李光地的大力举荐下，康熙最终谕命施琅为福建水师提督，并加太子少保。他赞扬施琅熟悉彼处地形、海寇情形，要"克期统领舟师进取澎湖、台湾"，并认为如果不派遣施琅前去，"台湾所不能定"。施琅离京赴任前，康熙又语重心长地对他说："尔至地方当与文武各官同心协力，以靖海疆。海氛一日，则民生一日不宁。尔当相机进取，以副朕委任至意。"

在姚启圣和李光地的极力举荐下，康熙帝再次召见了已年届花甲的施琅。

施琅再次向康熙帝详细地阐述了如何训练水师、如何利用风向变化等具体方略。康熙听后很满意，便令其马上赶赴前线，操练水师，待机进取台湾。

康熙二十二年六月十四日（1683年7月8日），施琅率领水兵万余人，大型战船300余艘，中小战船230余艘，从福建铜山（今东山）海域扬帆起程，一路乘风破浪，锋芒直指台湾的战略前哨澎湖列岛。

施琅将平台的首选目标定在澎湖是有原因的。台湾本岛地域狭窄，缺乏战略纵深，澎湖便成为其外围防御的唯一屏障。台军主帅刘国轩也认识到了这一点，因此将台军主力悉数地摆在澎湖，并建立了坚固的防御工事，还在妈宫、风木匝尾、西屿头、牛心湾等要冲地点加筑炮城14座，沿海筑造高墙深沟20余里，安设铳炮，准备与清军决战。面对台军的严防死守，施琅采取了灵活的作战方针，将清军分为三路，用左右两翼牵制敌人，主力则居中直捣敌阵船队。

7月9日，清军到达了澎湖的八罩岛（今望安岛），并在此停泊。从10日起，清军便向澎湖岛的台军发起攻击。清水军迅速利用有利的西南风向条件，使用"五点梅花阵"，用多艘战船围攻台军一艘，集中兵力作战。"炮火矢石交攻，犹如雨点，烟焰蔽天，咫尺莫辨"。清先锋蓝理率七艘战船冲入台军中，共击沉、焚毁郑氏船只14艘，焚杀了郑氏官兵2000余人。这时的刘国轩却因为缺乏主动进攻精神，将胜利希望完全寄托在飓风上，因而几次坐失主动出击的良机。

澎湖一战，清军先后焚毁、击沉和俘获台军大小船只近200艘，杀死台军将领、头目300余名，杀死士兵1.2万余名，另有165员将领和4800名士兵倒戈投降。刘国轩只是仰仗地形熟悉，才从水浅礁险的吼门岛屿趁水涨风顺之时带领着31艘小船逃回台湾。这一战役，清军共阵亡官兵329人，负伤1800余人，船只则毫发无损。

施琅指挥的这一战歼灭了台军的精锐部队，打开了台湾岛的门户，郑氏败局已定，岛内更是人心大震。然而施琅获胜后，并不急着继续进攻，而是在澎湖"抚绥地方，人民乐业，鸡犬不惊"，甚至派人捞救跳水未死的台军官兵，使得台湾、澎湖军民"莫不感泣，愿内向"。与此同时，施琅还建议清朝廷"颁赦招抚"郑氏，以争取和平统一台湾，使台湾百姓免去刀兵之灾。康熙帝也很同意施琅的招抚政策。不久后，郑克塽、刘国轩见施琅"无屠戮意"，也愿意归顺大清。

7月31日，郑克塽派人到澎湖施琅的军前请降，要求仍旧居住在台湾，"承祀祖先，照管物业"。但施琅拒绝了他们的条件。

8月13日，施琅率领舟师到达台湾，刘国轩等人带领文武官员军前迎接，各乡社百姓也沿途"壶浆迎师"，台湾终于实现了和平统一。9月17日，郑克塽等递送了正式的降书，并缴纳了延平王等册印。10月2日，施琅亲往台湾，接受了郑氏的归降。从1662年上书请求收复台湾，至1683年统一台湾，前后共计20余年。

◎故事感悟

极为睿智的康熙皇帝重用施琅可谓是慧眼识英才。施琅所献破敌之计招招见血，也深得康熙赏识，他也为康熙王朝作出了很大的贡献。虽然康熙王朝已是历史，但是"尚贤"问题无论是对数百年前的封建君王，还是对于现代企业，都是最重要的决策之一。

◎史海撷英

施琅降清

施琅本来是郑成功的手下，然而青年时的施琅个性极强，经常与郑成功发生冲突。顺治八年（1651年），施琅因反对郑氏"舍水就陆"的战略方针和强征百姓粮饷的做法，与统治台湾的郑氏产生了尖锐的分歧。次年四月，施琅捕杀了手下一名改投郑成功的清兵，郑成功一怒之下便将施琅及其父施大宣、其弟施显投入牢中。施琅被捕后不久就逃脱了，藏在副将苏茂的家中，并请人从中与郑成功进行调停。但郑成功不仅不接受调解，反而派人前去刺杀施琅。行刺失败后，郑成功一怒之下又将施大宣和施显杀了，最终将施琅逼上了投清之路。

降清之后，施琅被授为同安副将，迁总兵。康熙元年（1662年），施琅被任命为福建水师提督，1665年，又被封为靖海将军。

◎文苑拾萃

永春百丈岩

（清）施琅

一峰孤出插青天，百丈崔巍烛样传。

真个凌云惟咫尺，不知何代隐三仙？

登临已是虚空上，潦倒无非绣佛前。

谢得苏君能醉客，指看桑梓数峰悬。